商业模式设计与企业合规

李德榕　吴香桂 ◎ 著

中国商业出版社

图书在版编目（CIP）数据

商业模式设计与企业合规 / 李德榕，吴香桂著.
北京：中国商业出版社，2025.5. -- ISBN 978-7-5208-
3359-2
Ⅰ.F71；D913.991
中国国家版本馆 CIP 数据核字第 2025QV1615 号

责任编辑：杨善红

策划编辑：刘万庆

中国商业出版社出版发行
（www.zgsycb.com 100053 北京广安门内报国寺 1 号）
总编室：010-63180647　编辑室：010-83118925
发行部：010-83120835/8286
新华书店经销
香河县宏润印刷有限公司印刷

*

710 毫米 ×1000 毫米　16 开　14 印张　200 千字
2025 年 5 月第 1 版　2025 年 5 月第 1 次印刷
定价：68.00 元

****

（如有印装质量问题可更换）

前言

在经济全球化的今天,企业之间的竞争早已超越了单纯的产品与服务竞争,深入到了商业模式之间的竞争。商业模式是个看似简单却内涵丰富的概念,决定了企业的生存与发展。随着法律法规的日益完善与严格,企业合规也逐渐成为企业管理的核心要素之一。在这样的背景下,将商业模式设计与企业合规相结合,成为现代企业发展的必然选择。

企业合规指的是企业经营要符合法律、法规、政策及相关规则的约定。现代企业合规不是一个简单的问题。今天的商业环境越来越复杂,日益严格的法律法规以及企业社会责任的逐步加强都给企业带来了极大的压力和挑战,因此要想在市场中立足并持续健康发展,在首先需要做好商业模式设计。通过商业模式设计,一是确保所有活动都能够遵守法律要求,从而避免出现违法经营的风险;二是加强内部管控,确保合规的行为准则和标准贯穿企业各项运营中;三是企业在激烈的市场竞争中保持领先。商业模式设计决定了企业的盈利模式、竞争策略和市场定位,而企业合规则能确保企业的所有活动都在法律允许的范围内进行,避免因违法经营而带来的风险。商业模式设计与企业合规之间的关系是相辅相成的,只有二者相互融合、相互促进,企业才能在激烈的市场竞争中立于不败之地。

为了在商业模式设计过程中融入企业合规的要求和做法,本书从商业模式设计的角度出发,结合企业合规的实际需求,深入剖析了商业模式设计与企业业务、财务管理、纳税筹划、法律规定、股权风险、战略架构、市场营销、供应链管理、数据保护与信息安全等方面的合规要素的关联与作用,进而实现商业模式与这些方面的全面契合与无缝衔接。书中不仅讨论了这些方面所涵盖的商业模式设计的各个方面,也讨论了企业合规在各个领域中的实际应用,反映出商业模式设计与企业合规之间的紧密联系,旨在为企业家和管理者提供一套系统的理论框架和实践指南。

本书在编写过程中,参考了大量国内外关于商业模式设计和企业合规的最新研究成果和实践案例。通过对这些资料的梳理和分析,形成了自己独特的观点和见解,并在书中进行系统的阐述和深入的探讨。希望通过本书的出版,能够帮助企业家和管理者更好地理解和应用商业模式设计与企业合规的理念和方法,推动企业的持续健康发展。

目录

第一章 商业模式设计与企业业务合规

商业模式设计与企业业务合规 / 2

企业商业模式设计对业务合规的作用 / 8

商业模式设计对企业合规的影响 / 22

加强法律法规研究，确保商业模式设计合法合规 / 26

建立完善的内部合规管理评价体系 / 29

强化新商业模式可能引起的合规风险的监测和应对机制 / 33

加强与行业监管部门和同行业的沟通与合作 / 37

第二章 商业模式设计与财务管理合规

企业商业模式设计与企业财务合规管理 / 42

商业模式设计对企业财务合规的影响 / 46

企业财务合规管理视角下商业模式设计的核心 / 49

遵守会计法、会计准则和财务报告规定，确保财务报表真实、准确和完整 / 54

建立健全内控体系，强化业财融合管理，有效防范财务舞弊和不当行为 / 58

第三章　商业模式设计与纳税筹划合规

商业模式设计对企业纳税合规的作用 / 64

商业模式设计对企业纳税筹划的影响 / 67

通过商业模式的设计，调整和革新业务结构以降低税负 / 69

基于政策导向，巧妙通过与税收优惠政策的结合加以筹划 / 72

深化税收合规认识，强化风险意识，与税务部门沟通防风险 / 76

鱼熊兼得，商业模式与税收优惠双管齐下，精细化管理税收成本 / 79

第四章　商业模式设计与符合法律规定

企业商业模式设计对企业法律风险的影响 / 84

强化法律意识，构建企业法律风险防护网 / 88

完善内部管理，筑牢企业法律风险防线 / 91

加强法律咨询和合作，助力企业法律风险规避 / 94

融合法律、道德与社会责任，设计合法合规的商业模式 / 96

第五章　商业模式设计与降低股权风险

企业商业模式设计与股权架构设计的协同作用 / 102

尽职调查是商业模式成功与投资决策的关键驱动力 / 105

进行合理的估值定价，确保投资回报与风险匹配 / 110

结合商业模式，制定完善的合同条款，预防法律风险与经济纠纷 / 112

风险监控与应对：实时监测，及时响应，降低潜在风险 / 115

第六章 商业模式设计与战略架构合规

遵循法律法规，构建合规战略架构，防范法律风险 / 124

风险评估先行，确保战略架构稳健应对法律挑战 / 127

强化内部控制，夯实商业模式下战略架构的合规基石 / 131

透明信息披露，增强战略架构合规性的沟通 / 134

构建符合行业标准的战略架构合规体系 / 136

跨国经营中战略架构的合规性挑战与应对 / 140

第七章 商业模式设计与市场营销合规

商业模式与市场营销相互依存，共创价值 / 146

市场营销合规策略的制定与实施 / 150

遵循宣传法规，避免违规宣传风险 / 153

消费者保护法规在市场营销中的应用 / 155

确保市场营销活动符合市场竞争规范 / 157

完善客服体系，及时处理消费者投诉和纠纷 / 159

跨国市场营销合规挑战与应对策略 / 162

第八章 商业模式设计与供应链管理合规

商业模式与供应链管理协同共生，共谋发展 / 168

构建全面且符合法规的供应链管理合规体系 / 171

深度评估与选择，确保供应商合规性的关键步骤 / 175

全球供应链合规性管理的挑战与全球化策略应对 / 178

遵循产品质量与法规，打造可信赖的供应链生态 / 180

提升透明度，建立供应链合规性监控与报告机制 / 185

强化供应链合规文化：培养法规意识，制定行为准则 / 187

第九章　商业模式设计与数据保护及信息安全合规

商业模式与数据保护：筑牢安全基石，驱动合规发展 / 192

构建全面数据保护合规策略与管理体系 / 194

信息安全潜在风险的评估与预防机制 / 197

关注数据隐私与合规性，确保用户数据隐私安全 / 200

数据访问权限管理：授权与审计的严格把控 / 204

加密技术在数据传输与存储安全中的应用 / 206

数据泄露事件应对与紧急响应恢复计划 / 208

后　记 / 212

参考资料 / 213

第一章
商业模式设计与企业业务合规

  商业模式设计是企业业务合规的基石,必须充分考虑其对合规的推动作用和潜在挑战。企业需深入研究法律法规,确保商业模式合法合规;建立完善的内部合规评价体系,强化风险监测与应对;同时,积极与行业监管部门和同行业沟通合作,共同提升行业合规水平。这些举措将为企业稳健发展奠定坚实的基础。

商业模式设计与企业业务合规

在快速变化且竞争激烈的商业环境中，商业模式设计和合规管理是企业必须重视的。在这方面，元气森林作为一个在传统饮料行业中进行创新和扩展的企业，其商业模式设计和合规管理的实践提供了一个典型案例。首先，元气森林通过不断的产品创新和市场扩展，将其目标客户群从特定消费者群体扩展到更广泛的大众市场。这种策略不仅增强了其市场竞争力，也使得公司能够在多样化的消费需求中找到新的增长点。在合规管理方面，元气森林显然也非常重视这一点。虽然具体的合规措施没有在证据中详细描述，但可以推测，作为一个快速成长的企业，元气森林必须建立一套有效的合规体系来应对可能的法律风险、市场风险和声誉风险。其次，元气森林利用数据分析来优化产品配方和营销策略，这种做法本身就是一种高效的风险管理和合规操作方式。

元气森林的商业模式就是一个以消费者需求为中心、不断创新和调整的体系。以下是根据提供的参考信息，对元气森林商业模式的详细分析：

（1）关键业务。元气森林最初以茶和汽水为主要产品，随后快速扩展产品线，包括气泡水、瓶装水、咖啡饮品以及电解质水等。产品创新是元气森林的核心关键业务，为了满足消费者多样化的需求，其不断推出新口味和新品类。

（2）客户细分。元气森林的主要目标客户群为年轻消费者，特别是"90后"和"00后"，更加关注健康和口感。随着产品线的扩张和渠道的拓宽，元气森林的目标客户群逐渐扩展到大众饮品消费市场。

（3）价值主张。元气森林提供高品质、健康化的饮品，满足了消费者对健康和口感的双重追求，通过创新的产品和营销策略，建立品牌形象，并追求产品的性价比。

（4）客户关系。元气森林与消费者建立紧密的联系，通过社媒内容运营、明星代言等方式增强品牌影响力。为了确保产品能够广泛铺开，还与分销商和经销商建立了良好的合作关系。

（5）渠道。线上，如电商平台，是元气森林的重要销售渠道之一。线下，则通过大型超市（KA）和便利店（CVS）等渠道进行产品销售。此外，还通过小游戏等社交媒体平台进行品牌营销和产品推广。

（6）成本结构。元气森林优化供应链管理和生产效率，降低成本。增加新品推广和营销的投入，快速占领市场。

（7）收入来源。主要收入源于饮品的销售，特别是其不断创新的产品。此外，还通过品牌合作、广告收入等多种方式增加收入。

总体来看，元气森林的商业模式是一个以产品创新和消费者需求为核心的模式，通过不断推出新产品、占领新的市场细分领域，以及通过多元化的营销策略和渠道拓展，实现了品牌的快速增长和市场份额的扩大。同时，为了适应市场的变化和消费者的需求，它还逐步优化成本结构，提升产品的性价比。

该案例展示了如何在保持商业模式设计的同时，加强合规管理，以确保企业的长期稳健发展。在快速变化且竞争激烈的商业环境中，企业要想保持领先地位，并实现可持续发展，需同时关注商业模式设计和合规管理。

▶ 商业模式设计：企业竞争与合规性的双重考虑

在竞争激烈的商业环境中，商业模式设计的重要性不言而喻。它不仅是企业盈利的基石，更是企业长期发展的战略蓝图。一个成功的商业模式设计，不仅能够确保企业在市场中获得竞争优势和持续增长，还能够确保企业在追求经济效益的同时遵守相关的法律法规和政策要求，避免因合规问题而给企业带来损失。因此，企业在设计商业模式时，必须充分考虑市场需求、客户群体、竞争态势以及法律法规和政策要求等多个方面，确保商业模式既具有创新性又符合合规性要求。

商业模式设计关乎企业的盈利模式、运营方式和资源配置。它明确了企业如何创造价值、传递价值并获取价值。通过深入剖析市场需求、客户群体以及竞争态势，企业可以设计出独具特色的盈利模式，从而在市场中获得竞争优势。同时，商业模式还涉及企业的运营方式，包括生产、销售、服务等方面，确保企业能够以最高效的方式实现价值传递。在资源配置方面，商业模式需要充分考虑企业的人、财、物等资源，使其得到充分利用和优化配置，以提高企业的整体运营效率。

商业模式设计是企业长期发展的基石。一个成功的商业模式，能够确保企业在复杂多变的市场环境中保持竞争优势，实现可持续的增长和成功。这要求企业在设计商业模式时，必须具有前瞻性和创新性，同时能够紧跟市场趋势和客户需求的变化，不断调整和优化自身的商业模式。此外，企业还需要关注行业发展和政策法规的变化，确保商业模式符合相关法律法规和政策要求，避免因合规问题而给企业带来损失。

然而，商业模式设计并不仅仅是追求盈利的单一目标。在追求经济效益的同时，企业还需要考虑合规性。合规性是企业在经营过程中必须遵守的法律、法规和道德准则。一个合理的商业模式设计，应该能够确保企业在追求经济效益的同时，也遵循相关的法律法规和道德准则，避免陷入合规风险。这要求企业在设计商业模式时，必须充分了解相关法律法规和政策要求。同时，企业还需要加强内部管理和监督，确保员工在执行商业模式时能够遵守相关法律法规和政策要求，避免因员工行为不当而给企业带来合规风险。

▶ 业务合规：企业长期稳健发展的基石

业务合规，简言之，就是企业在开展各类经营活动时，必须严格遵循国家法律法规、行业规范以及公司内部规章制度，确保企业运营的每一环节都符合法律、道德和伦理标准。唯有如此，企业才能在竞争激烈的市场中立于不败之地，实现长期稳定发展。

业务合规是企业生存和发展的基础。在复杂多变的市场环境中，企业如同一艘航行在茫茫大海中的船舶，必须遵守规则，才能避免触礁。这些规则就是法律法规和行业规范，它们构成了企业运营的"游戏规则"。只有合规经营，企业才能在市场上站稳脚跟，获得消费者的信任，树立良好的品牌形象。这样的企业，才能在激烈的市场竞争中立于不败之地，实现长期稳定发展。

业务合规是企业防范风险的重要手段。随着国家对企业监管力度的不断加强，合规风险已成为企业面临的重要风险之一。一旦企业违反法律法规或行业规范，就可能面临法律制裁、财务损失等严重后果。加强业务合规管理，能够帮助企业及时发现并纠正违法违规行为，避免陷入法律纠纷和财务困境。同时，合规管理还能够提高企业的风险防范能力，降低经营风险，确保企业稳健发展。

除了上述两方面，业务合规也是企业履行社会责任的体现。企业作为社会的一分子，在追求经济效益的同时，也应积极履行社会责任。合规经营不仅有利于保护消费者权益，维护市场秩序，还能够促进社会的公平正义和可持续发展。一个合规的企业，须赢得社会的尊重和认可，为企业的长远发展奠定坚实的基础。

▶ 协同的双翼：商业模式设计与业务架构设计

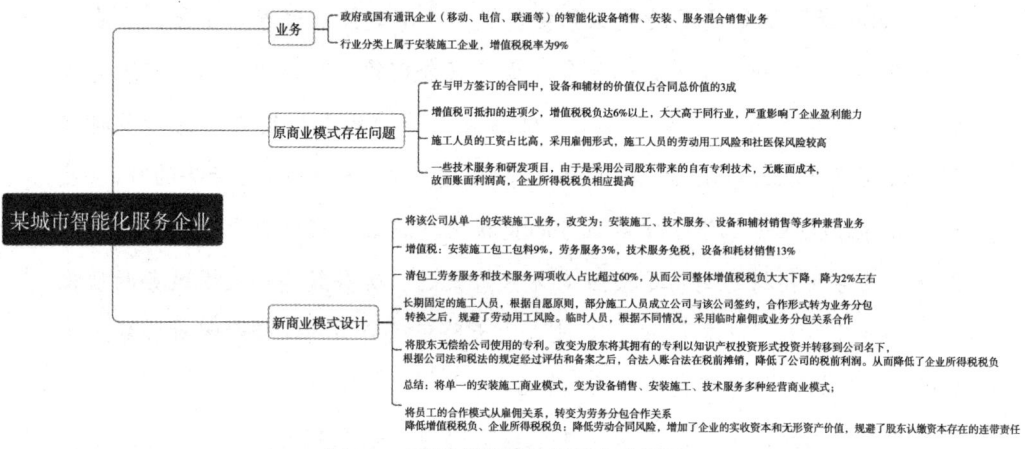

图1-1　某城市智能化服务企业图示

以下是一家从事城市智能化改造服务的公司，注册地址在福建省南平市，主要业务是为政府和国有通信企业（如移动、电信、联通等）提供智能化设备的销售安装服务。行业上,属于安装施工类的企业,因为安装工程占了比较大的比例,增值税税率是9%。我对该公司进行了深入的业务实质分析,发现该公司出现的多数问题都源于行业归属划分错误的问题。

过去该公司的合同签署以及商业模式是这样子的:在与甲方签署的合同中,设备和辅材的价值仅占合同总价值的3成,所以在计算增值税时,实际上可抵扣的进项很少,基本上增值税税负达6%以上,远高于同行业水平。税负高,严重影响了企业的盈利能力。

在公司成本中,设备和辅材仅占不到30%,员工工资、施工人员的工资占比较高,而且采用的是雇佣形式。对部分临时雇员,公司出于成本和人员流动性频繁双重考虑,都没给他们缴纳医社保,所以施工人员的劳动用工风险就比较高。最重要的是,有些技术服务和研发的项目,采用的都是公司股东自己带来的专利技术,没有账面成本,研发都由股东亲自操作,这样就进一步提高了公司的账面利润,也提高了企业所得税的税负。

我是怎么进行设计的呢?

(1) 从合同下手。经过与众多甲方的沟通,甲方一般是政府或一些大型国有企业,我发现他们并不介意企业开给他们的发票是3%,还是6%,或者是9%的税率,他们要求的是业务要合规,而不是关注税率。于是,我在合同上将公司从单一的安装施工业务改成了混合销售,在合同上列明安装费多少、技术服务费多少、设备多少、辅材多少等,从混合销售改变为多种经营。增值税也从统一的9%转化为既有9%包工包料,也有纯劳务的3%,然后还有部分收入可以享受技术服务的免税优惠政策。经过以上业务模式创新设计,设备和耗材的销售是按照13%来计税的,劳务服务和技术服务两项收入占比超过60%,税率为6%,如此,大大降低了公司的增值税税负,根据年底的统计数据,最终税负降到2%左右。

(2) 鼓励固定的施工人员自愿跟我们沟通,如果有人成立了公司,公司就跟他签约,合作形式由雇佣关系转换为劳务分包。经过这样的转换,员工可以多拿钱,而对于企业来说,总支出并没有改变,却能有效规避劳动用工的风险。对于偶尔聘请过来干几天的临时人员，如果是临时雇佣关系，比如一个月内，就正常给他发工资，因为一个月内的可以不交医社保；工作超过一个月的人，就采用业务分包、劳务分包等合作关系、合作方式。

（3）将股东无偿供公司使用的专利或投资给公司的其他无形资产，以股东出资方式转移到公司名下。根据公司法的规定，出资方式可以是货币出资，也可以是知识产权，不仅可以将固定资产、土地使用权等作为出资，也可以将股东拥有的知识产权以投资入股的形式作为资本金投入到公司名下，投资给公司充实资本金。根据相关税法和公司法的规定，经过评估备案后，股东拥有的技术成果可以合法入账，合法地在税前摊销，这样不仅能降低公司的税前利润，还能降低公司的所得税税负。

总之，将单一的安装施工商业模式转换为设备销售、安装施工、技术服务等多种经营的商业模式，并将股东无偿提供的专利技术以知识产权投资形式投入到公司，不仅可以完成股东的资本金的实缴，还能增加公司的无形资产价值。另外，将员工从雇佣关系转变为劳务分包的合作模式，不仅可以降低增值税税负、企业所得税税负，也可以降低劳动合同风险，增加企业的实收资本和无形资产价值，规避股东认缴资本存在的连带责任风险，一举多得。

目前，对商业模式设计比较公认的定义是：为实现客户价值最大化，把能使企业运行的内外各要素加以整合，形成一个完整的高效率的具有独特核心竞争力的运行系统，并通过最优实现形式满足客户需求、实现客户价值，同时使系统达成持续盈利目标的整体解决方案。而业务合规则是指企业在经营活动中遵守国家法律法规、行业规范和社会道德标准，确保企业的运营活动合法、合规、诚信。企业合规是保障企业稳健运营、降低法律风险、增强企业信誉和形象的重要手段。在现代企业管理活动中，商业模式设计与企业业务架构设计犹如一对协同的双翼，共同为企业持续稳定的发展提供动力。这两者并非孤立存在，而是相互依存、相互促进，共同为企业注入源源不断的动力。只有在这两者的协同演进下，企业才能在激烈的市场竞争中不断前行，实现更为稳健、可持续的发展。

商业模式设计作为企业发展的战略核心，扮演着引领企业前进的关键角色。它不仅是企业盈利的蓝图，更是企业价值创造和利润获取的路径规划。在商业模式设计的过程中，企业需要深入洞察市场动态，精准把握客户需求，同时高效整合内外资源，以实现与客户的共赢。这需要企业具备敏锐的市场洞察力、前瞻性的战略眼光以及高效的资源整合能力。为此，商业模式设计需要全面审视企业的竞争优势、成本结构、收入来源等关键因素。通过对这些因素的深入分析，企业可以确保商业模式的可行性与长期价值。一个成功的商业模式能够为企业带来稳定的利润增长，并为企业未来的发展奠定坚实的基础。与此同时，企业业务架构设计则侧重于企业内部运营的精细化布局。它涵盖了组织结构、业务流程、信息系统等多个层面，旨在确保企业各项业务的流畅运转与高效协同。一个科学合理的业务架构能够显著提升企业的运营效率，降低管理成本，并增强企业的应变与适应能力。

在实务当中，商业模式设计与企业业务架构设计应相互呼应，形成紧密的协作关系。商业模式的创新与完善需要业务架构的有力支撑。例如，当企业决定拓展新的业务领域或推出新的产品或服务时，业务架构需要相应地进行调整和优化，以确保新的商业模式能够顺利落地并高效执行。同时，业务架构的优化与升级也需紧密结合商业模式的特点与需求。随着市场环境的不断变化和企业发展的需要，商业模式可能需要进行相应的调整和优化。这时，业务架构也需要随之进行更新和改进，以适应新的商业模式的需求。

企业商业模式设计对业务合规的作用

近年来，随着全球对环保和可持续发展的重视，许多企业开始将绿色创新融入其商业模式设计中。例如，德国汽车零部件供应商博世公司在设计其商业模式时，严格遵守国际及各业务所在国的环保和能源相关法律，确保其所有业务活动均合法合规。为应对市场竞争和政策变化带来的风险，博世采取了多元化的收入来源和灵活的战略调整。博世公司还不断加深对市场需求和竞争态势的了解，以便更精准地评估市场风险及潜在回报。借助先进的生产技术和管理模式，博世优化了供应链管理，大幅提升了生产效率和成本控制能力，从而在激烈的市场角逐中稳居领先地位。此外，博世始终坚持绿色创新，并将这一理念贯穿于产品研发、市场推广等各个环节，成功塑造了一个负责任、有前瞻性的企业形象，不仅赢得了消费者的广泛认可，也进一步提升了其市场竞争力。通过将环保理念深植于商业模式的核心，博世研发出一系列低碳技术和绿色产品，实现了企业的可持续发展目标，为未来发展奠定了坚实基础。

博世公司的商业模式设计体现了其作为一家全球领先的科技企业的特点。以下是博世公司商业模式的几个关键方面：

（1）多元化的产品与服务提供。博世公司为汽车制造商提供全面的产品解决方案，包括全栈式、解耦式、硬件、软件以及软硬件结合的服务。这使得博世能够满足不同客户的需求，无论是需要完整的系统解决方案还是特定的零部件。

（2）技术创新与研发投入。博世公司注重长期的技术创新和研发投入，在全球设有多个研发中心，不断推动新技术的发展，如自动驾驶、物联网技术等。这种持续的技术创新是博世维持市场领先地位的关键。

（3）全球化的市场战略。博世公司的业务遍及全球，它通过在全球设立生产基地和销售网络，实现了对不同地区市场的深入渗透。这种全球化战略使得博世能够充分把握不同市场的需求和增长机会。

（4）合作伙伴关系。博世与众多合作伙伴建立了稳固的合作关系，这些合作伙伴包括其他汽车制造商、供应商以及科研机构等。通过这些合作，博世能够共享资源、分担风险，并迅速将新产品推向市场。

（5）垂直整合博世公司。在某些领域实行垂直整合的商业模式，即控制从原材料采购到最终产品销售的整个过程。这种模式有助于博世控制产品质量、降低成本并提高供应链的效率。

（6）客户导向。博世公司始终将客户需求置于核心位置，致力于为客户提供定制化的解决方案。这种客户导向的策略有助于博世建立强大的客户关系和品牌忠诚度。

（7）可持续性。博世公司强调可持续性发展，将其作为企业战略的一部分。博世通过开发节能减排技术和产品，积极参与可持续发展，满足全球对环保和节能的需求。

总的来看，博世公司在设计商业模式时，通过构建多维度的法律框架来指导商业活动，确保了其全球业务的合法运营；通过多元化的收入来源和灵活的战略调整，可以有效应对外部环境的挑战；通过打造高效、竞争力强的商业模式使其能够在激烈的市场竞争中保持领先地位；通过合规的商业模式使其在全球范围内赢得了良好的声誉和客户信赖；通过将环保理念渗入其商业模式的核心，实现了可持续发展目标。博世公司的这些做法也为企业带来了更多的商业机会和竞争优势，具有普遍性的指导意义。

▶ 确保合法性：构建多维度法律框架指导下的商业模式

以下是某省A集团公司（以下简称"A公司"）的商业模式设计思维导图。

在我介入集团做商业模式调整之前，A公司面临这样几个问题：商业模式在法律上有瑕疵，主要是通过下面的经销商转介绍经销商，各级经销商分别与公司进行结算并收取服务佣金；同时，这些经销商中也涉及个人，有些个人经销商超过三级，如此，就让A公司有了涉嫌传销的嫌疑。

另外，在该商业模式下，A公司大量的佣金支出是没有发票也没有代扣代缴个人所得税的，主要业务集中在B子公司，这样就面临着一个问题，即如果完全合规地确认所有收入，由于产品进货成本特别低，就会提高税收成本，增值税税负接近13%。再加上佣金支出基本没有发票，所以在增值税上几乎没有可以抵扣的进项发票，导致企业所得税也特别高，几乎接近25%。

也就是说，如果不进行商业模式的梳理，即使A公司毛利再高，也是亏损的，因为渠道费用约有65%是没有合规成本的，除了需要承担经销商的个人所得税支出外，还要承担不合规成本的企业所得税。如此一来，总的税负接近40%，也就是说，即使A公司实际进货成本很低，最终还是亏本。

一句话，不管是在市场监管局，还是公安，或者在税务部门，A公司都面临着一系列问题。最直接的后果就是，企业不敢做大，也不能做大。

但实际上，A公司的商业模式是合法合规的，只不过A公司高层对商业模式的描述不够精准。于是，他们找到我，委托我对公司的商业模式进行重新设计。开始他们是想让我做税收筹划，但经过分析后我发现税收筹划并不能完全解决A公司的主要问题，核心还是商业模式的调整，应该将A公司调整为商业的平台公司，实际上A公司就是商业平台公司而不是贸易公司。另外，集团公司的业务范围不用做调整，还是做控股公司使用。

之后，我指导企业获取了ICP和EDI的证书，将商业模式调整成思维导图的模式。用户在B子公司平台下单购买商品，资金就会直接支付到B子公司的对公账户，用户并不是向平台购买商品，而是向入驻平台的商家和店铺购买商品，由店铺根据订单的金额开票给用户。只不过，这里涉及平台与客户和商铺的电子协议，需要在平台上进行协议的勾选。

那客户购买商品，商户的成本怎么进行结算？B子公司的对公账户会直接协助入驻的商铺代付款项给供应链公司，出纳出账时会备注"代付某某店的货款"，发票则由供应链公司根据货款结算金额直接开给店铺，而不是给平台公司。这里主要涉及这样几个协议：三方的资金代付协议、B子公司和供应链公司以及店铺的结算协议、供货协议和销货平台协议。签约内容就是，店铺委托B子公司代付货款给供应链公司，实际以每月结算单为准，由供应链公司的供货方负责一件代发。

这里，还涉及一个提成的问题。刚才我们已经提到，很多个人已经入驻平台，协助平台进行推广，但因为采取的是直销模式，所以很容易涉及非法的直销行为和传销行为。为了应对这个问题，个人用户与B子公司签署协议后，会将这种有法律瑕疵的收入转换为合法的佣金收入，资金由B子公司对公代付给个人，出纳的备注是"为店铺代付提成款"，签约方是B子公司和店铺，签约协议是代支付结算确认书，签约内容是为店铺代付个人提成。店铺的结算也一样。资金由B子公司对公代付给个体工商户，出纳备注"代收代付"，B子公司和店铺会签署系统使用服务协议和化支付结算的确认书。

最后，还有一个重要的内容，即B子公司的收入。其实，主要就是平台的服务收入。资金直接从B子公司支付给商铺的结算款里进行扣款。然后，B子公司会根据收入金额开票给店铺，开票内容就是平台的佣金。

除了平台公司外，集团还新设了一家市场管理公司，主要工作是协助B子公司进行市场推广，签约主体是B子公司和市场管理公司；签约内容是B子公司委托市场管理公司提供市场推广服务，B子公司对公支付市场推广费用给市场管理公司。这就是市场管理公司的收入。那么，市场管理公司的支出呢？推广形式有多种，如线下推广、线上推广和技术服务。以技术服务为例。市场管理公司和技术服务公司签约，签约内容是系统使用服务协议，市场管理公司委托技术服务公司提供技术系统支持服务，由市场管理公司对公支付系统服务费用给技术服务公司。市场管理公司还有另外一种费用，就是推广服务。如某音流量推广就是市场管理公司和某音流量推广公司签署协议，支付流量费用，形式都一样。

后来，集团又新增了一家供应链公司。供应链公司其实就是供货方店铺，厂家直接供货给供应链公司，然后由供应链公司与平台进行直接结算，收入类型就是供货收入，可以签署纸质协议，签约内容可以是供货结算成本、发货时效、售后服务等。供应链公司对公账户支付货款给供货方，付款的内容是货款结算，开票由供货方根据货款结算金额开给供应链公司，也就是说，供货方是真正的厂家，供应链公司是与B子公司平台签署协议的供货方。当然，厂家也可以直接与B子公司签署供货协议，只不过这时就会取代供应链公司的这个角色。B子公司、供应链公司和店铺签署三方协议，供应链公司根据结算金额直接开票给店铺，然后由供应链公司的供货方，即厂家，负责一件代发。

第一章　商业模式设计与企业业务合规

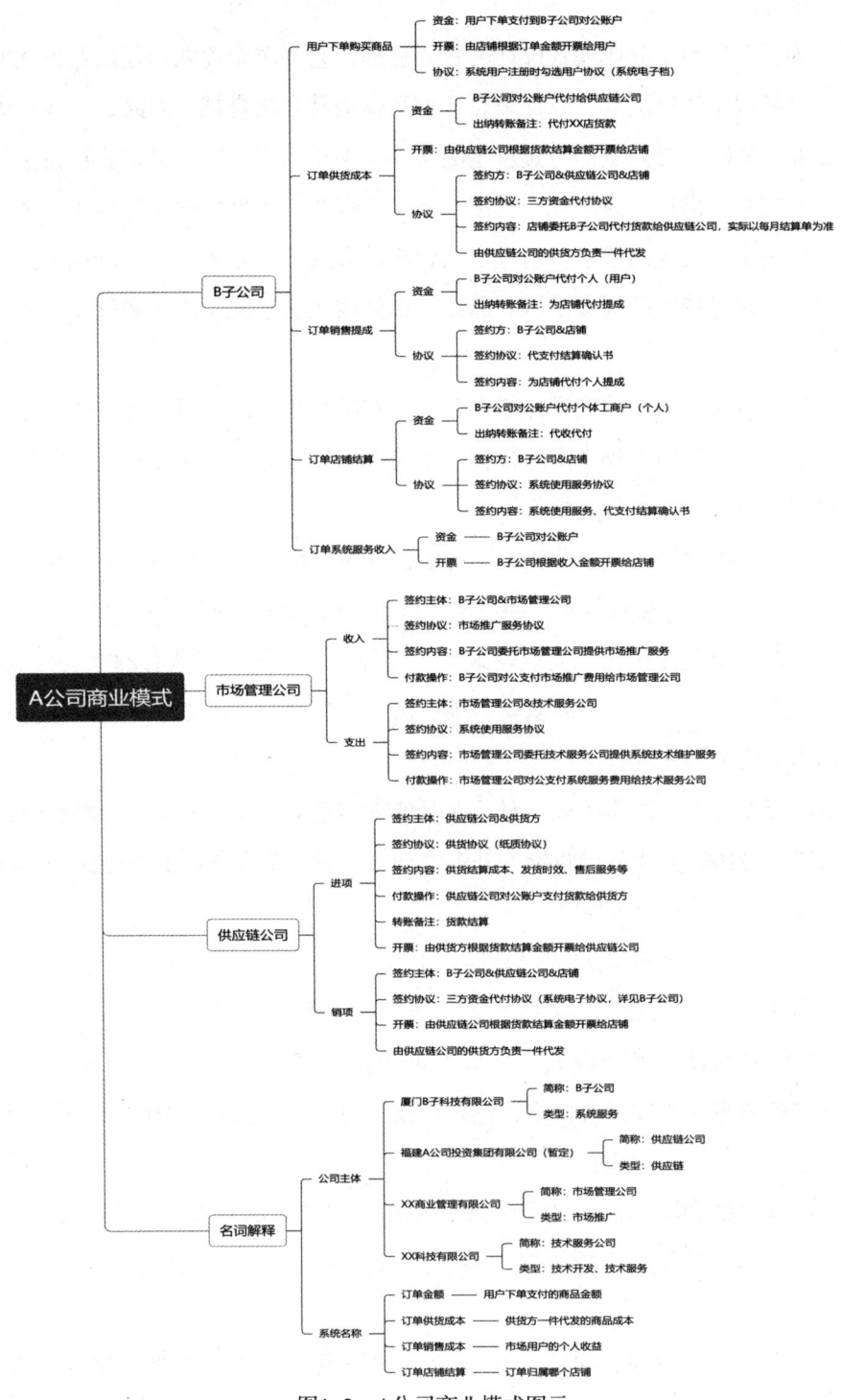

图1-2　A公司商业模式图示

确保合法性是商业模式设计的首要前提，它要求企业在构建商业模式时严格遵循国家法律法规，以保障企业的运营活动合法合规。因此，企业在设计商业模式时，必须全面考量反垄断法、反不正当竞争法、消费者权益保护法、外资和进出口法律法规、税法、知识产权法、数据保护和隐私法、劳动法等相关法律法规的要求，通过合法合规的方式开展业务活动，以规避法律风险，实现可持续的健康发展。那么，如何按照这些法律法规来设计商业模式呢？

反垄断法：商业模式设计需避免构成垄断行为，比如通过排他性协议限制竞争，或者利用市场支配地位进行不公平定价。企业应保证其商业实践不会损害市场竞争机制和消费者利益。

反不正当竞争法：企业在设计商业模式时，需要避免采取欺骗、诋毁竞争对手、侵犯商业秘密等不正当竞争手段，以确保市场的公平性。

消费者权益保护法：商业模式必须充分尊重和保护消费者的合法权益，如提供真实信息、保证产品质量、维护消费者隐私等，防止因忽视消费者权益而引发的法律风险。

外资和进出口法律法规：对于涉及外资和进出口业务的企业，商业模式设计需符合国家关于外国投资、外汇管理、贸易政策等方面的法律法规，确保跨境交易的合法合规性。

税法：企业在商业模式设计时，必须考虑税务规划，遵守国家税法规定，合理避税而不逃税，确保企业财务的透明和税务合规。

知识产权法：商业模式设计应尊重知识产权，包括商标、版权、专利等，避免侵犯他人知识产权或被他人侵权，同时也要保护自身的知识产权不受侵犯。

数据保护和隐私法：随着大数据和互联网技术的发展，企业在商业模式设计中需要特别注意数据保护和个人隐私的法律要求，防止数据泄露和滥用。

劳动法：商业模式设计还应符合劳动法规定，包括合理的劳动合同、工作条件、薪酬福利等，保障员工权益，防止因违反劳动法而产生的法律纠纷。

▶ 风险管理：商业模式设计中的法律挑战及应对策略

以下是一家做海鲜水产品批发的公司，主要销售鲍鱼、海参等水产品，主要供应对象是沃尔玛、永辉、盒马鲜生等大型商超。公司的上游供应商是海鲜养殖户，每年的鲍鱼、海参等供应量约为30亿元，同样在税收上遇到了合规的问题，请我介入进行辅导。

福州是全国主要的水产批发集散地，国内70%的海鲜都来自福州，该公司原有的模式和多数商家一样：首先，与养殖户签订收购合同，向养殖户收购海产品；其次，委托拥有海鲜活水运输资质的车辆，或个人，或公司，将水产品或海产品运输到公司所在地；再次，公司进行分拣。当然，为了节约成本，公司会通过一些劳务中介，聘请临时工从事分拣、清洗、打包、装车等工作；最后，委托活水运输车，将海产品运输到全国各地。

这种模式容易出现这样几个问题：第一，运输户基本上是个人运输车，有运输资质，但一般不提供合规的发票。第二，从事水产品分拣、清洗、打包、装车的临时工，大多不会跟公司签订劳动合同，一旦发生劳动纠纷，公司就会遭受大笔损失；而且，为了赚取劳务差价，劳务中介不愿意提供员工名单，工资由劳务中介统一发放，也没有发票，因为他自己本身就没有合法的资质，所以不但不会签订劳动合同，也不会给员工上保险，一旦发生风险或与员工发生劳动纠纷，公司就会损失惨重。第三，海产品运输过程中的损失由公司自行承担，如果遇到意外情况，可能血本无归，这是经营风险。

此外，还有财税上面的风险。这种产品都是大宗产品，毛利基本在2%以内，非常低，只不过由于上述费用都由公司承担，在税务口径上毛利润和净利润比较高，导致增值税的税负和企业所得税的税负都比较高，但实际上进销差价并不高。其主要原因有：（1）中间环节没有合规的票据；（2）公司承担中间环节的风险，可能会导致不可预见的经营损失；（3）如果车辆使用紧张，就要临时雇用没有资质的运输公司，还要承担法律风险。为了降低运输途中的经营风险，企业就需聘请专业的员工进行全程跟踪，这样又会进一步提高经营费用。

研究完企业的业务特征后，我重新设计了商业模式：与养殖户重新签订收购合同，提高海产品的合同价款，将水产品的采购价款、运费，以及海产品的打包、分拣、清洗、装车等费用，由养殖户负责，分拣工人也由养殖户直接聘请，不过是外派在公司的分拣场所进行分拣。这样，就将所有的费用风险都转移给了养殖户，此外，养殖户还要承担水产品运输到全国各地超市的运输任务，风险由养殖户来承担。

这个模式，看似只调整了一份合同，但好处有很多：第一，由于中间费用和损失全部由养殖户承担，公司仅需在合同中列明需要养殖户承担的费用是什么，养殖户只要开具免税农产品销售发票给到公司即可，公司无须再考虑中间环节的合规票据如何获得这个老大难问题。第二，中间环节的所有费用都转移给养殖户去承担，税务口径的毛利和净利与实际的经营毛利和净利基本接近，就能降低增值税和企业所得税的税负，进一步实现财税的合规，降低财税风险。第三，避免了由公司自行运输而需要直接承担运输过程中的各种不确定风险。第四，不用直接与员工产生雇佣关系，避免了由此可能带来的劳动用工风险。

风险管理在商业模式设计中占据着至关重要的地位，特别是在识别和处理法律风险方面。因此，必须完善合同条款和业务流程的风险机制，从而使风险管理在商业模式设计中发挥作用。这不仅需要企业具备专业的法律知识和技能，还需要建立完善的风险管理制度和流程，以应对不断变化的市场环境和法律法规要求。

在商业活动中，合同是各方权利和义务的法律依据。如果合同条款不明确，就可能导致解释上的分歧，进而引发法律纠纷。因此，在商业模式设计中，企业需要确保所有合同条款都清晰、具体，并且符合相关法律法规的要求。这可以通过聘请专业的法律顾问进行审查，或者建立完善的合同管理制度来实现。

合同履行过程中可能出现各种风险，如双方违约、履行延迟、履行质量不达标等。这些风险不仅可能导致企业遭受经济损失，还可能影响企业的声誉和市场地位。为了降低合同履行风险，企业可以采取多种措施，如加强对合作方的信用评估、建立合同履行监督机制、制定合同履行应急预案等。

在某些情况下，合同可能需要解除或终止。如果处理不当，可能会给企业带来不必要的麻烦和损失。为了降低合同解除与终止风险，企业需要在商业模式设计中明确合同解除和终止的条件、程序和责任承担方式。同时，还需要密切关注合同履行过程中的变化，及时发现并解决可能导致合同解除或终止的问题。

▶ 提升效率：打造高效、竞争力强的商业模式，赢得市场先机

A省一家市政园林集团（以下简称"甲集团公司"），下属子公司有农业科技公司、建材贸易公司、信息技术有限公司、苗木种植个体户，以及一个与公司主营业务没任何关系的医疗门诊。这就是目前整个集团的架构。

我接手商业模式设计时，集团董事长提出的要求主导思想是，新的商业模式能对股东风险和债务风险进行隔离，所有方面的工作都必须合法合规；各公司之间业务分工路径明晰、具象化。我们经过调研，思路是打算按照业务的不同类型，设计成集团总部和专业公司，将与集团业务无关的医疗门诊剥离出去。具体包括以下方面。

第一，集团总部。市政园林集团作为集团总部，主营业务是对外承接绿化市政工程，增值税是9%。苗木种植公司或苗木种植个体户，可以开苗木的普通发票，抵扣9%；如果不是自产的苗木，可以通过苗木的销售中间商开具3%的苗木专用发票，也可以抵扣9%（该规定在增值税暂行条例和财税〔2017〕37号文、财税〔2018〕32号文，以及财政部、国家税务总局、海关总署2019年第39号文第二条都有明确规定）。

为了规避股东的连带责任风险，我们建议增加一名股东，股份比例不作

要求。同时，由于股东个人拥有一些研发成果，日常无偿提供给公司使用，所以建议将一部分认缴注册资本的出资方式改为知识产权出资方式。知识产权出资按照公司法和税收相关法律要求，经过评估、验资、技术合同备案，并在国家企业信用信息公示系统公示等法定流程，可以代替货币出资，并且允许在企业所得税前进行摊销并扣除成本。另外，股东认缴资本以知识产权实缴到资后，与货币出资的法律效力相同，只要将公司的出资方式改为知识产权并完成法定流程，股东将不再需要为公司债务承担连带责任。

股东以知识产权完成出资并将知识产权成功转让到公司名下后，公司进行技术的二次升级改造研发，研发费用可以在企业所得税税前加计100%（需满足税收相关法律规定的要求），比如，原来的研发费用支出为100万元，现在在企业所得税的口径上可以扣200万元。这都是经过商业模式调整可以利用的税收优惠政策。

第二，农业科技公司。主要负责苗木种植，主营业务是农产品的技术研发、技术服务、技术转让，母公司（甲集团公司）拥有一些植物新品种权，可以将甲集团的植物新品种权或与种植有关的专利以股东出资的方式登记到公司名下，以知识产权做出资完成股东出资义务。根据税收相关法律规定，技术转让合同经过科技部门的备案，可以免征增值税，如果是利润在500万元以内的技术转让，还可以享受免征企业所得税的优惠政策。同时，技术开发、技术服务、技术咨询等免征增值税（税法的财税〔2016〕36号文附件3第十六条做了规定），农业科技公司有了上述技术成果，还可以申请高新技术企业。

第三，建材贸易公司。主要为集团内的各家公司提供工程材料，税率是13%，如果是小规模纳税人就是1%，企业所得税正常是25%，优惠税率是5%。将建材的销售公司独立出来，不再由甲集团公司直接对外采购，可以隔离集团公司对外直接采购而可能产生的各种经济和法律风险。

第四，劳务公司。主要为集团内所有的企业提供人工劳务服务，税率是简易征收增值税3%，企业所得税25%，利润300万元以内的优惠税率实际为

5%。同时，将劳务公司独立出来，可以规避集团公司直接招聘员工而直接面对劳务工人产生的劳动用工风险和涉医保风险。公司与员工可以按照非确定性劳动合同关系或者非全日制劳动合同关系签订劳动合同，根据劳动合同法规定，上述两种用工方式不用缴纳医社保，可以规避医社保的风险。

第五，信息技术有限公司。作为甲集团的下属子公司，主要为甲集团以及集团其他配套子公司提供技术转让、技术开发、技术服务等业务，可以将工程类的施工专利申请在该公司名下，技术服务享受免征增值税，企业所得税是500万元以内免征，超过500万元的部分减半征收的优惠政策。该公司与农业科技公司的税收优惠一样，区别在于：二者的技术方向不一样，农业科技公司是苗木生物技术的技术持有方，信息技术公司是工程类的专利持有方。

第六，苗木种植个体户。这是个体户，与公司没有股权关联，主营苗木的种植和销售，主要为甲集团提供苗木，免征增值税，免征企业所得税，没有任何税收成本，业务上给甲集团公司开具的是免税普通发票，集团公司可以抵扣9%的增值税、25%的企业所得税，前提条件是农产品的种植户必须有土地的租赁协议，以及能证明有苗木种植事实的相关法律文件或凭证留档备查（根据实地调研的结果，目前全部具备上述要求）。由于自有土地的产量有限，不足部分可以采用"公司+农户"模式委托给个人种植，按照法定要求签订合同，可以视同自产农产品。

商业模式设计对于提升企业效率至关重要。一个合理且合规的商业模式设计可以帮助企业优化资源配置，减少不必要的浪费，从而提高整体运营效率。

合规的商业模式设计能够确保企业遵循国家法律法规和行业规定，避免因违法违规行为而产生罚款、诉讼等额外成本。这些成本往往会占用企业大量的人力、物力和财力资源，降低企业的运营效率。通过合规的商业模式设计，企业可以规避这些不必要的成本支出，将更多的资源投入到核心业务和创新发展中。

合理的商业模式设计有助于企业建立高效的运营流程。在商业模式设计过程中，企业需要充分考虑客户需求、市场变化以及自身资源能力等因素，从而构建出符合实际情况的运营流程。这样的流程能够确保企业在各个环节都高效运转，减少瓶颈和冗余，提高整体运营效率。

合规的商业模式设计还能够促进企业内部协作和沟通。一个清晰、明确的商业模式设计可以让企业员工更好地理解企业的战略目标和业务模式，从而更加积极地参与到工作中。同时，合规的商业模式设计也能够规范企业内部的权责关系，减少内耗和冲突，提高企业整体的执行力和协同作战能力。

合理的商业模式设计有助于企业实现资源共享和整合。在商业模式设计过程中，企业需要充分考虑与供应商、合作伙伴等外部资源的整合和利用，通过建立紧密的合作关系，实现资源共享和优势互补。这样不仅可以降低企业的运营成本，还能够提高企业的响应速度和市场竞争力，从而提升企业的整体运营效率。

▶ 塑造品牌形象：合规商业模式助力企业赢得声誉与客户信赖

在当今竞争激烈的市场环境中，品牌声誉对于企业的成功至关重要。一个优秀的品牌声誉不仅能够吸引更多的客户和合作伙伴，还能够为企业赢得市场信任，提升市场份额。而要实现这一目标，合规的商业模式设计发挥着不可或缺的作用。

合规的商业模式设计能展示企业对社会、环境和法律的负责任态度。在商业模式设计过程中，企业需要充分考虑到自身的社会责任和环保要求，确保业务运营符合相关法律法规和行业规定。这种负责任的态度不仅能够让企业在市场中树立良好的形象，还能够赢得消费者的信任和支持。

合规的商业模式设计有助于提升品牌声誉和形象。一个合理且合规的商业模式能够确保企业的合法经营，避免因违法违规行为而引发的负面舆论和声誉损失。同时，通过合规的商业模式设计，企业还能够向外界传递出积极、健康的品牌形象，进一步提升品牌知名度和美誉度。

合规的商业模式设计还能够吸引更多的客户和合作伙伴。在选择合作伙伴或购买产品时，消费者和合作伙伴都会关注企业的合规性和信誉度。一个合规的商业模式能够让企业在市场中脱颖而出，成为消费者和合作伙伴信赖的首选对象。同时，随着企业品牌声誉的不断提升，其市场竞争力也将得到进一步增强。

▶ 绿色创新：将环保理念融入商业模式，实现可持续发展

随着资源日益紧缺和环境问题日益严重，企业在追求经济效益的同时，也需要承担起环境保护和社会责任的重任。因此，在商业模式设计中考虑环境保护和可持续发展因素，对于企业的长远发展具有重要意义。

考虑环境保护可以帮助企业降低运营成本并提高效率。通过采用环保材料、节能技术和循环经济等措施，企业可以减少能源消耗和废弃物排放，从而降低生产成本和环境治理成本。同时，这些措施还可以提高企业的资源利用率和市场竞争力，为企业带来长期的经济效益。

可持续发展有助于企业树立良好的品牌形象和声誉。在现代社会，消费者越来越注重产品的环保性能和企业的社会责任。通过积极采取环保措施和推广可持续发展理念，企业可以赢得消费者的信任和支持，提高品牌知名度和美誉度。这将有助于企业拓展市场份额和建立长期的客户关系。

考虑可持续发展还可以为企业带来政策支持和资金扶持。许多政府和国际组织都鼓励企业采取环保措施和推动可持续发展，并为此提供了各种政策支持和资金扶持。通过积极响应这些政策和措施，企业可以获得更多的资源和支持，为自身的可持续发展创造更好的条件。

商业模式设计对企业合规的影响

有一家新兴的科技公司，其在创新其商业模式过程中的做法是，通过引入先进的技术解决方案，不仅提升了业务效率，也确保了业务操作的一致性和合规性，从而避免了因违反法规而可能遭受的法律责任和经济损失；通过定期培训和教育，加强员工对合规重要性的认识，使得合规成为企业文化的一部分；在与其他企业或机构合作时，该公司始终坚持合规原则，要求合作伙伴也必须遵守相应的法律法规；通过持续的市场调研和法律咨询，及时调整其商业模式，以适应新的市场条件和法规要求。这种灵活性和前瞻性使得公司能够有效应对各种不确定性因素，保持企业的稳定发展。通过创新商业模式，该公司成功地在竞争激烈的市场中脱颖而出。

这家科技公司的商业模式设计不仅实现了业务的快速增长，更在合规经营方面发挥了重要作用。其通过技术创新、内部合规文化建设、与合作伙伴共建合规生态以及灵活应对法规变化和市场风险等方式，成功构建了一个稳健、合规的经营环境，为企业的发展奠定了坚实基础。这充分展示了商业模式设计在帮助企业实现合规经营方面的重要作用。

▶ 商业模式设计助力企业合规经营

商业模式不仅关乎企业的市场定位、盈利模式以及竞争策略，更是企业在遵守法律法规和行业规范的前提下，实现可持续发展的基石。通过深入研究政策法规和行业规范、提升企业的社会责任感和公信力、优化资源配置和业务流程以及识别和控制潜在风险，商业模式设计能够确保企业在遵守法律法规和行业规范的前提下，实现盈利增长和可持续发展。

企业在设计商业模式的过程中，首先必须深入研究和了解政策法规和行业规范。这些规定不仅为企业的运营划定了红线，也为企业的创新和发展提供了指导。通过将这些规定融入商业模式的设计中，企业能够确保自身业务活动的合法性和合规性，避免因为违法违规而带来的法律风险。

商业模式设计的合规性不仅能够降低企业的法律风险，更能够提升企业的社会责任感和公信力。在消费者和合作伙伴日益关注企业社会责任的今天，一个合规经营的企业更容易获得他们的信任和青睐。这种信任感将有助于企业建立长期稳定的客户关系和合作伙伴关系，为企业的发展提供有力的支持。

商业模式设计对企业业务合规性的深远影响不容忽视。一个符合市场需求的商业模式能够引导企业合理配置资源，优化业务流程，提高运营效率。这不仅有助于企业降低成本、提高盈利能力，更能够使企业在市场竞争中保持领先地位。同时，商业模式设计还能够帮助企业识别潜在的风险点，制定有效的风险控制措施。通过对业务流程的深入分析和研究，企业能够发现可能存在的合规风险，并提前采取相应的措施进行防范和应对。这些措施可能包括加强内部审计、建立合规审查制度、提高员工合规意识等，以确保企业在快速发展的同时，始终保持稳健的合规态势。

➤ 商业模式设计促进企业内部合规文化建设

企业要想保持竞争力并实现可持续发展，必须注重内部合规文化的建设。商业模式设计在这一过程中扮演着至关重要的角色，它能够促进企业内部合规文化的建设，为企业的长远发展提供有力的支撑。

商业模式设计与企业内部合规文化建设的深度融合，是构建科学、系统、可操作的合规管理体系的关键。在商业模式设计的过程中，企业需要充分考虑法律法规和行业规范的要求，将这些要求融入商业模式的设计中，确保业务活动的合法性和合规性。同时，商业模式设计还需要关注企业内部的管理流程和制度，确保这些流程和制度符合合规要求，能够支持企业的合规经营。

通过商业模式设计，企业可以构建一套完善的合规管理体系，包括合规政策、合规流程、合规培训和合规监测等方面。这一体系将帮助员工深入了解法律法规和行业规范，明确各自的合规责任和义务，从而提高整个企业的合规意识和风险防范能力。员工将意识到合规不仅是企业的要求，更是他们个人职业发展的必要条件。他们将自觉遵守合规规定，积极参与合规培训，提高自身的合规素养。

商业模式设计还能够引导企业内部合规文化的建设方向。在商业模式设计的过程中，企业需要明确自身的核心价值观和经营理念，并将这些理念融入企业的日常管理和业务活动中。合规文化作为企业文化的核心要素之一，将贯穿企业的各个方面。通过明确企业的合规目标和要求，企业可以营造一个积极向上的合规氛围，激发员工的积极性和创造力。员工将积极参与到合规文化的建设中来，共同推动企业的合规经营和可持续发展。

此外，商业模式设计还需要关注企业的风险管理。在商业模式设计的过程中，企业需要识别和分析潜在的风险点，并制定相应的风险控制措施。这些措施将帮助企业降低违规风险，确保业务活动的合规性。同时，商业模式设计还需要关注企业的内部审计和合规监测等方面，确保合规管理体系的有效运行和持续改进。

▶ 商业模式设计推动企业与合作伙伴共建合规生态

在现代商业环境中，企业不再是孤立的个体，而是与众多合作伙伴共同构成了一个庞大的产业链。这个产业链中的每个环节都紧密相连、相互依赖，因此，确保整个产业链的合规性就显得尤为重要。

为了实现这一目标，商业模式设计必须充分考虑合作伙伴的合规要求。这意味着企业在设计其商业模式时，不仅要考虑自身的合规性，还要关注合作伙伴是否遵守了法律法规和行业规范。这种全面的合规考虑是构建稳定、可靠的合作伙伴关系的基础。

在商业模式设计的过程中，企业可以与供应商、客户、渠道商等各方建立明确的合规标准和合作机制。这些标准和机制应该涵盖双方的业务合作范围、合作方式、合规要求等方面，确保在业务合作中各方都能够遵守法律法规和行业规范。通过明确的标准和机制，企业能够确保合作伙伴的合规性，从而保障整个产业链的合规性。

当企业与其合作伙伴共同构建一个合规的生态环境时，各方将相互信任、相互支持，共同维护产业链的合规性和稳定性。这种共建合规生态的模式不仅能够降低整个产业链的风险，还能够提升整个产业链的竞争力。在一个合规的生态环境中，企业能够更加专注于自身的核心业务，提高运营效率，同时减少因违规行为而带来的潜在损失。

此外，共建合规生态还能够促进企业与合作伙伴之间的深度合作。在合规的框架内，企业和合作伙伴可以共同开发新产品、拓展新市场、优化业务流程，实现资源的共享和互补等。这种深度合作将有助于企业提升创新能力，增强市场竞争力，实现可持续发展。

▶ 商业模式设计应对法规变化和市场风险

商业模式设计在应对法规变化时发挥着至关重要的作用。随着市场经济环境的不断演变，法规政策也在持续调整和完善。这些变化可能涉及企业运营的各个方面，如税务政策、环境保护、数据安全等。为了确保企业的业务活动始终符合法律法规和行业规范，商业模式设计需要紧密跟踪市场变化和法规要求，及时调整和优化。

在商业模式设计中，企业需要建立一个灵活可变的框架，以适应不断变化的法规环境。这包括对市场动态进行实时监控，了解法规政策的最新动向，并据此对企业的业务策略、产品服务、组织架构等进行相应的调整。通过这种灵活性和适应性，企业能够在法规变化中迅速作出反应，确保合规经营，避免因违规操作而带来的法律风险和损失。

商业模式设计也需要关注潜在的市场风险。在快速变化的市场环境中，企业可能面临各种不确定性因素，如竞争加剧、消费者需求变化、技术创新等。这些风险可能对企业的业务造成重大影响，甚至威胁到企业的生存。

为了应对这些市场风险，商业模式设计需要具备前瞻性和预见性。企业需要通过市场调研、数据分析等手段，深入了解市场趋势和消费者需求，预测未来可能出现的风险和挑战。在商业模式设计中，企业需要制定相应的策略和措施，以应对这些风险。例如，通过多元化经营降低市场风险，通过技术创新提升产品竞争力，通过优化供应链管理提高运营效率等。这些策略和措施将有助于企业更好地应对市场风险，确保企业的稳健发展。

加强法律法规研究，确保商业模式设计合法合规

腾讯公司一直重视法律法规研究，其商业模式设计紧密贴合国家政策导向。在面对数据安全和隐私保护的新法规时，腾讯不仅加强了对相关法律法规的研究，还及时更新了其隐私政策和数据安全措施，确保用户信息的安全和合规性。同时，作为"互联网+"战略的最早提出者和实践者，腾讯还积极响应国家"互联网+"战略，推动数字经济的合规发展。

腾讯公司的做法充分体现了对法律法规的重视和敏感度。它为我们提供了宝贵的启示：在复杂多变的市场环境中，企业只有加强法律法规研究，紧跟国家政策导向，才能确保商业模式设计的合规性，进而在激烈的市场竞争中保持领先地位。

▶ 建立动态法规跟踪机制，确保商业模式合规

不断更新的法律法规不仅关乎企业的日常运营，更直接影响着企业的商业模式设计和战略规划。因此，作为市场的重要参与者，企业必须建立一种动态的法规跟踪机制，以确保其商业模式始终与最新的法律法规保持同步，从而确保合规性。

动态法规跟踪机制要求企业具备高度的敏感性和前瞻性。这意味着企业

不能仅仅满足于对现行法规的了解，还需要时刻关注法律环境的变化，预测法规可能的发展方向。为此，企业需要定期组织法务人员、市场研究人员等相关团队进行深入学习和交流，不仅要了解法规的字面意义，更要深入理解其背后的立法意图和监管要求。

动态法规跟踪机制需要企业建立一个完善的法律法规研究机制。这一机制应包括法规的收集、整理、分析和预测等环节。企业可以设立专门的法律研究中心或部门，负责收集国内外最新的法律法规信息，并对其进行分类、整理和分析。同时，该部门还需要对法律法规的发展趋势进行预测，为企业提供前瞻性的法律建议。

在深入研究法律法规的基础上，企业需要在商业模式设计中充分考虑合规因素。商业模式设计是企业实现盈利和持续发展的关键，而合规性则是商业模式设计的基础。因此，在设计商业模式时，企业需要充分考虑法律法规的要求，确保业务活动始终在法律的框架内运行。这包括对产品、服务、市场定位、营销策略等方面的合规性进行审查和评估，以确保企业的商业模式符合法律法规和行业规范。

▶ 深度解析法规，全面融入商业模式合规设计

为了确保企业能够在激烈的市场竞争中立足并持续发展，深入开展法律法规研究已成为企业不可或缺的战略性任务。这不仅仅是停留在表面的政策条文了解，而是需要深入解析法规的实质，全面把握其立法意图和监管要求。

企业需要对与自身业务密切相关的法律法规进行深入研究。这些法规可能涉及多个领域，如公司法、税法、劳动法、知识产权法等。企业需仔细梳理每一项规定，了解其在公司运营和商业决策中的具体影响。例如，税法变动可能直接影响企业的财务规划和税务筹划；劳动法更新则可能要求企业调整用工策略和员工福利政策。通过深入研究这些法规，企业可以更加清晰地认识到自身在经营过程中可能面临的法律风险，从而提前做好准备。

企业还应时刻关注行业内的典型案例和司法实践。这些案例和实践往往能够为企业提供宝贵的经验和教训，帮助企业更加直观地了解法律法规的实际应用。通过对案例的分析和研究，企业可以了解监管部门对违规行为的处罚力度和方式，从而更加准确地把握合规风险点。同时，企业还可以借鉴其他企业在合规方面的成功经验，优化自身的合规策略和管理流程。

在全面解析法规的基础上，企业需要将法律法规全面融入商业模式的设计中。商业模式设计是企业实现盈利和持续发展的核心，而合规性则是商业模式设计的基础。因此，在设计商业模式时，企业需要充分考虑法律法规的要求，确保每一项决策都在合法合规的轨道上运行。这包括在产品创新、市场定位、营销策略、供应链管理等方面充分考虑合规因素，确保企业业务活动的合规性和可持续性。

具体来说，企业可以通过以下几个方面将法律法规融入商业模式设计：在产品设计阶段，企业需要确保产品符合相关的质量、安全、环保等标准，避免侵犯他人的知识产权和商业秘密；在市场定位阶段，企业需要了解目标市场的法律法规和监管要求，确保企业能够合法进入并开展业务；在营销策略制定过程中，企业需要遵守广告法、反不正当竞争法等法律法规，确保营销活动的合规性；在供应链管理中，企业需要关注供应商的合规性，确保供应链的稳定性和可靠性。通过这些措施，企业可以将法律法规全面融入商业模式的设计中，确保企业在实现盈利的同时保持合规性。这不仅可以降低企业的法律风险，还可以提高企业的社会声誉和竞争力，为企业的可持续发展奠定坚实的基础。

▶ 携手专业律所，强化企业合规咨询服务

在追求商业模式合规性的道路上，企业往往需要面对诸多复杂的法律问题和挑战。为了确保企业在经营过程中始终遵循法律法规，避免潜在的法律风险，与专业律师事务所建立紧密的合作关系显得尤为重要。这种合作关系的建立，不仅能让企业获得专业的法律支持，还能为企业带来诸多实质性的

好处。

专业律师事务所具备深厚的法律专业知识和丰富的实践经验，他们在各个法律领域都有着深入的研究和了解。通过与这样的律师事务所建立合作关系，企业可以获得全面而深入的合规咨询服务。律师事务所的律师能够针对企业的具体业务情况和需求，提供定制化的法律建议和解决方案，帮助企业更好地理解和遵守法律法规。

在合作过程中，律师事务所可以为企业提供以下几个方面的支持：首先，律师事务所可以协助企业识别和分析潜在的法律风险。他们通过对企业业务模式的深入了解，结合法律法规的最新动态，帮助企业发现可能存在的合规问题，并提供相应的解决方案。这种前瞻性的法律服务能够帮助企业避免在经营过程中陷入法律纠纷和诉讼。其次，律师事务所可以为企业提供专业的法律培训和指导。他们可以根据企业的需求和特点，定制专门的法律培训课程，帮助企业员工增强法律意识和合规意识。同时，他们还可以为企业提供日常的法律咨询和解答，确保企业在经营过程中始终遵循法律法规。最后，律师事务所还可以在企业面临法律挑战时提供及时有效的支持。他们具备丰富的法律诉讼经验和资源，能够为企业提供有力的法律辩护和代理服务。在面临法律纠纷和诉讼时，他们能够迅速反应并采取有效措施，保护企业的合法权益和声誉。

建立完善的内部合规管理评价体系

在现实世界中，许多企业都在积极建立和完善内部合规管理评价体系，以应对日益复杂的商业环境和法律法规要求。例如，最早进入中国的投资银行之一的摩根士丹利。

摩根士丹利在全球金融市场中占据重要地位，因此它面临着严格的监管和巨大的合规压力。为了有效管理这些风险，该公司实施了一系列合规管理措施。首先，摩根士丹利建立了全面的合规政策和程序，确保所有业务活动都符合法律法规的要求。这些政策涵盖了反洗钱、内部交易、客户隐私保护等多个方面。其次，摩根士丹利非常注重员工的合规培训和考核。公司定期为员工提供合规培训，确保他们了解最新的法律法规变化和公司的合规政策。此外，通过定期的合规考试和绩效评估，公司能够监控员工的合规意识和行为，及时发现和纠正潜在的合规问题。最后，摩根士丹利强调跨部门的协作和沟通。合规部门与其他业务部门紧密合作，共同识别和管理合规风险。这种协作机制有助于确保公司的合规管理体系能够适应不断变化的商业环境。

通过这些措施，摩根士丹利建立了一个稳固的内部合规管理体系，有效防范和降低了合规风险。这不仅帮助公司避免了重大的法律诉讼和罚款，还提升了公司的市场声誉和竞争力，为其长期发展提供了有力保障。

▶ 构建全面且严谨的内部合规管理制度

为了确保企业能够持续、稳定、健康地发展，构建一套全面且严谨的内部合规管理制度是至关重要的。通过明确合规要求、细化职责、明确违规处理办法和加强制度执行和监督，企业可以确保自己的所有活动都符合法律法规和行业规范，为企业的稳健发展提供坚实的法律保障。

内部合规管理制度需要明确企业合规的总体要求和目标，如制定明确的合规政策，明确企业对于合规管理的态度和期望，以及设定具体的合规目标和指标。这些要求和目标应该能够全面覆盖企业的各个方面，具体包括产品设计、市场营销、供应链管理、财务管理等方面。同时，这些要求和目标还应该具有可衡量性和可追溯性，以使企业能够定期评估和监控合规管理的效果。

内部合规管理制度需要细化至各部门和员工的合规职责。这意味着企业需要将合规管理责任分解到具体的部门和员工身上，确保每个部门和员工都能够明确自己在合规管理中承担的具体职责和扮演的角色。通过明确职责，企业可以确保合规管理任务得到有效的落实和执行，从而避免出现责任不清、互相推诿的情况。同时，企业还可以通过建立合规培训机制，提高员工的合规意识和技能水平，使他们能够更好地履行自己的合规职责。

除了明确职责外，内部合规管理制度还需要明确违规行为的处理办法和惩罚措施。这是为了确保企业的合规秩序得到维护，同时也是对潜在违规行为的警示和震慑。企业应该根据违规行为的性质和严重程度，制定相应的处理办法和惩罚措施。这些措施可以包括警告、罚款、解除职务等，以确保违规行为得到及时有效的处理。同时，企业还应该建立违规行为的举报机制，鼓励员工积极举报违规行为，以便企业能够及时发现和处理潜在的合规风险。

在构建内部合规管理制度的过程中，企业还需要注重制度的执行和监督。企业可以设立专门的合规管理部门或委员会，负责监督和管理合规管理制度的执行情况。同时，企业还可以建立内部审计机制，定期对合规管理制度的执行情况进行检查和评估，以确保制度得到有效执行和不断完善。

▶ 深化合规培训与考核，筑牢企业合规防线

为了确保企业能够稳健发展，避免潜在的法律风险，深化合规培训与考核，筑牢企业合规防线成为关键一环。通过定期组织合规培训活动和开展合规考核，企业可以提升员工的合规意识和素质，确保员工能够熟练掌握并遵守相关规定。同时，企业还需要注重员工的反馈和建议，不断改进和完善合规培训和考核体系，为企业的稳健发展保驾护航。

合规培训是企业确保员工了解和掌握相关法律法规、行业规范及公司规章制度的重要途径。因此，企业应坚持定期组织合规培训活动，并将此纳入企业日常管理的重要议程。在培训内容上，企业应注重全面性和深入性，将国家法律法规、行业监管要求以及公司内部的规章制度等作为重点培训内容。同时，还应结合实际案例和常见问题，让员工能够更直观地理解合规要求，提升合规意识和素质。

除了培训外，企业还应定期开展合规考核，以检验员工对合规知识的掌握程度和应用能力。合规考核应覆盖企业内部的各个部门和岗位，确保每个员工都能被纳入考核范围。考核内容可以包括员工对法律法规的理解程度、在实际工作中合规操作的规范性等。同时，企业还应设立相应的奖惩机制，对表现优秀的员工给予表彰和奖励，对存在违规行为的员工则进行严肃处理。这种考核方式不仅能够确保员工熟练掌握并遵守相关规定，更能在实际操作中检验员工的合规行为，从而进一步筑牢企业的合规防线。

在深化合规培训与考核的过程中，企业还需要注重员工的反馈和建议。通过定期收集和分析员工的意见和建议，企业可以不断改进和完善合规培训和考核体系，使其更加符合企业的实际情况和员工的需求。此外，企业还可以加强与专业合规机构的合作和交流，学习借鉴其他企业的成功经验，不断提升自身的合规管理水平。

▶ 强化内部合规管理体系的全方位构建

在构建内部合规管理体系的征途中，企业需要以全面、系统的视角来审视和布局。这不仅涉及制度的制定和完善，更需要各部门之间的紧密协作和高效配合，形成一个完整、有机的合规生态。只有各部门协同合作、形成合力，才能构建起一个全方位、多层次的内部合规管理体系，为企业的稳健发展保驾护航。

财务部门作为掌握企业核心的经济命脉以及主导企业内部控制制度执行的管理部门，其合规性直接关系到企业的稳健发展。因此，财务部门必须严格遵守会计准则和税法规定，确保每一份财务报告都真实、准确、完整。同时，财务部门还应加强内部控制，完善财务审批和审计制度，及时发现和纠正潜在的财务风险，为企业的稳健发展提供坚实的财务支撑。

销售部门作为市场开拓的先锋，其合规性同样至关重要。在市场竞争日益激烈的今天，销售部门必须严格遵守市场规则和竞争法规，坚决抵制任何不正当竞争行为，如虚假宣传、价格欺诈等。同时，销售部门还应加强客户信息管理，确保客户信息的真实性和保密性，维护企业的良好市场形象。

人力资源部门在内部合规管理体系中的作用亦不可小觑。完善员工招聘、培训、考核等制度，不仅可以提高员工的素质和能力，更能在源头上确保员工的合规性。人力资源部门应制定明确的招聘标准，确保招聘到的员工具备基本的合规意识和素质。同时，人力资源部门还应定期组织合规培训活动，提高员工的合规意识和能力。在考核方面，人力资源部门应将合规表现作为员工绩效考核的重要指标之一，激励员工自觉遵守合规要求。

除了以上几个部门外，企业还需要建立专门的合规管理部门或委员会，负责全面监督和管理企业的合规工作。合规管理部门应制定和完善企业的合规政策和制度，指导和协调各部门的合规工作。同时，合规管理部门还应加强与外部监管机构的沟通和协调，及时了解和掌握最新的法律法规和政策动向，为企业的发展提供有力的合规保障。

强化新商业模式可能引起的合规风险的监测和应对机制

在当前快速变化的商业环境中，京东作为中国领先的电商平台，面临着不断涌现的新商业模式带来的合规挑战。为了确保企业的稳健发展，京东采取了一系列措施来强化合规风险的监测和应对机制。首先，京东设立了专门的合规风险监测部门，该部门负责全面监控公司运营中的合规风险，包括但不限于数据保护、反垄断、知识产权保护等方面。通过专业团队的持续监测，京东能够及时发现潜在的合规风险点。其次，京东还强化了风险报告与处置流程。一旦发现合规风险，相关部门将迅速上报至管理层，并启动风险评估程序。根据风险评估的结果，制定相应的处置措施，以减轻或消除风险。再次，京东还建立了跨部门的协作机制，确保风险信息的流通和处理的高效性。最后，京东还建立了全面的应急预案体系。针对不同类型的合规风险，制定了详细的应对策略和操作流程。这些预案不仅包括内部的响应措施，还包括与外部监管机构沟通协调的方案，以确保在发生重大合规事件时，能够迅速、有效地应对。通过这些措施，京东不仅能够更好地遵守相关法律法规，还能够提升企业的整体风险管理水平，保障企业在创新发展的同时，保持高标准的合规性。

京东的案例展示了在新商业模式下，构建合规风险监测与应对机制的重要性。通过设立专门的合规风险监测部门、强化风险报告与处置以及建立应急预案，京东能够有效应对合规挑战，确保企业在新商业模式下稳健、合规地发展。这样的做法也为其他企业提供了借鉴，展示了如何在追求商业模式设计的同时，确保企业的长期稳健发展。

▶ 设立合规风险监测部门

合规风险监测部门是企业合规管理体系的核心组成部分，它承担着对企业所有业务领域进行合规审查的重要职责。该部门应具备高度的专业性和独立性，确保能够独立、客观地对企业业务活动进行审视。部门成员需要具备扎实的法律知识，深入了解各个领域的法律规定和行业规范，同时还需要具备丰富的实践经验，能够准确识别并评估潜在的合规风险。

合规风险监测部门的工作范围广泛，应涵盖企业所有业务领域，包括但不限于市场营销、产品开发、供应链管理、金融服务等。这些领域都涉及大量的法律问题和合规要求，需要合规风险监测部门进行全面、细致的审查。通过对业务活动的深入了解和分析，部门能够及时发现潜在的合规风险，并为企业提供相应的风险防范建议。

在具体工作中，合规风险监测部门需要建立科学的审查流程和评估标准。通过收集、整理和分析企业的业务数据，部门能够全面掌握企业的业务情况，并对其进行深入剖析。同时，部门还需要关注外部法律环境的变化，及时更新审查标准和评估方法，确保企业的业务活动始终符合最新的法律规定和行业规范。

除了日常的合规审查工作外，合规风险监测部门还需要建立应急预案和快速响应机制。在发现合规风险时，部门应迅速启动应急预案，组织相关部门进行风险评估和处置。同时，部门还需要建立与内部其他部门的沟通协调机制，确保信息畅通、资源共享，形成合力应对合规风险的良好局面。

> **强化合规风险报告与处置**

在企业运营中，合规风险的存在是不可避免的。然而，如何有效地识别、报告并处置这些风险，直接关系到企业的持续稳健发展。因此，强化合规风险报告与处置机制显得尤为重要。通过及时报告、深入分析、迅速处置以及加强内部管理等方式，企业能够构建一道坚实的防线，抵御各种合规风险的侵袭，实现持续稳健发展。

合规风险监测部门在发现潜在合规风险后，必须迅速、准确地向企业高层报告。这份报告不仅是简单的信息传递，更是对企业运营安全性的深度剖析。报告应详细阐述风险的性质，如涉及的法律领域、行业规范等；分析风险可能带来的影响，包括经济损失、声誉损害等；并提出具体的应对措施，如加强监管、调整业务流程等。这样的报告不仅能够帮助企业高层全面了解风险情况，还能够为后续的处置工作提供明确的指导。

企业高层在接收到合规风险报告后，应给予高度重视，迅速组织相关部门，对报告中的风险进行深入分析和评估。这个过程不仅是对风险的再次确认，更是对企业运营安全性的全面审视。在评估过程中，企业应充分利用内外部资源，如法律专家、行业顾问等，以确保评估结果的准确性和可靠性。

在处置合规风险时，企业应遵循"预防为主、综合治理"的原则。这意味着企业不仅要关注当前的风险事件，更要注重从根本上防范风险的发生。对于已经发生的合规风险事件，企业应迅速采取措施予以纠正，如停止违规业务、追回损失等。同时，企业还应深入剖析事件原因，总结经验教训，防止类似事件再次发生。

除了对风险事件的直接处置外，企业还应加强内部管理，完善制度流程。这包括制定更加严格的合规政策、加强员工培训等。通过这些措施，企业能够提高员工的合规意识和素质，确保他们在实际工作中能够严格遵守法律法规和企业规章制度。这样不仅能够降低合规风险的发生概率，还能够为企业的稳健发展提供坚实的保障。

▶ 建立切实可行的应急预案

为确保在风险来临时能够迅速、有效地应对，企业必须建立一套切实可行的合规风险应急预案。通过明确各级管理人员的职责和权限、规定应急处置的程序和措施以及定期组织应急演练等措施，企业能够构建起一道坚实的防线，有效应对各种合规风险的挑战。

应急预案的制定必须明确各级管理人员的职责和权限。在风险发生时，各级管理人员应当迅速应对，承担各自的责任。高层管理人员应负责总体协调和资源调配，确保企业能够快速、有序地应对风险；中层管理人员应负责具体执行和监督，确保各项应对措施能够得到有效落实；基层员工则应当积极配合，按照预案要求履行自己的职责。

应急预案应详细规定应急处置的程序和措施。这些程序和措施应根据企业的实际情况和可能面临的合规风险进行制定，确保在风险发生时能够迅速启动应急预案。例如，在发现潜在合规风险时，应立即启动风险评估程序，对风险性质、可能的影响等进行全面分析；在确认风险后，应立即启动应急响应机制，采取必要的措施进行处置，如暂停相关业务、加强监管等。同时，应急预案还应规定风险处置的后续工作，如总结经验教训、完善制度流程等，以确保企业能够从中吸取教训，不断提高自身的合规风险管理水平。

除了制定切实可行的应急预案外，企业还应定期组织应急演练。通过模拟真实的合规风险场景，让员工亲自体验应急预案的启动和执行过程，能够更好地了解应急预案的内容和操作流程。同时，应急演练还能够检验预案的可行性和有效性，发现其中存在的问题和不足，及时进行改进和完善。通过不断的应急演练和培训，员工的应急处理能力将得到提高，企业应对合规风险的能力和水平也将得到显著提升。

加强与行业监管部门和同行业的沟通与合作

2020 年年底，中国监管部门对蚂蚁集团的上市计划进行了叫停，随后对其业务模式和运营实践展开了一系列的监管审查。面对这一情况，蚂蚁集团积极响应监管要求，加强了与中国人民银行、银保监会等监管部门的沟通，深入理解最新的监管政策和合规要求。

为了确保业务的合规性，蚂蚁集团调整了其信贷产品"花呗"和"借呗"的业务结构，降低了杠杆率，增加了资本金，以符合新的监管规定。同时，蚂蚁集团还与其他金融科技企业进行了交流与合作，共享合规经验，探讨如何在遵守监管的前提下创新金融服务。

通过这些举措，蚂蚁集团不仅提升了自身的合规管理水平，还有助于整个金融科技行业的健康发展。虽然短期内可能会面临业务调整的压力，但从长远来看，这种加强沟通与合作的做法有利于提升企业的竞争力和市场地位，确保其在变化的市场环境中稳健发展。

蚂蚁集团的案例充分展现了加强与行业监管部门和同行业沟通与合作的重要性。通过与监管部门的紧密沟通，企业能够及时了解行业合规要求和发展趋势，确保业务合规性；而与同行业企业的合作则能共享合规经验，共同应对合规挑战，降低违规风险。这些措施不仅有助于企业的稳健发展，还能提升企业的竞争力和市场地位。

▶ 与行业监管部门的沟通

为了保障企业在市场竞争中的公平性和合法性，企业应主动与监管部门建立联系、积极参与相关活动、定期报送报告并接受监管部门的监督和指导。通过这些措施的实施，企业可以与监管部门建立良好的合作关系，共同推动行业的健康发展。

企业应充分认识到行业监管部门的重要性。行业监管部门不仅负责制定和执行相关法规政策，还负责监督市场行为，确保市场秩序的良性运行。通过与监管部门的沟通，企业可以及时了解最新的法规政策、监管要求和行业动态，从而确保自身经营活动的合法性和规范性。

在沟通过程中，企业应积极参与监管部门组织的座谈会、研讨会等活动。这些活动为企业提供了与监管部门直接交流和互动的机会。通过参加这些活动，企业可以深入了解监管部门的工作内容和监管重点，同时向监管部门反映自身的经营情况和合规问题。这种面对面的交流有助于加深双方的了解和信任，促进双方的合作与共赢。

企业还应定期向监管部门报送经营报告和合规自查报告。这些报告是企业向监管部门展示自身经营状况和合规情况的重要方式。企业可以通过报送这些报告主动接受监管部门的监督和指导，及时发现并纠正自身存在的问题和不足。这种主动性的表现有助于提升企业在监管部门心目中的形象和地位，为企业的稳健发展奠定坚实的基础。

➢ 与同行业企业的合作

在竞争激烈的商业环境中，同行业企业之间的关系往往错综复杂，既存在竞争关系，又有着共同的利益诉求和合规挑战。因此，与同行业的合作成为企业应对挑战、提升竞争力的重要途径。通过积极参与行业活动、共享合规资源和经验、开展业务合作等方式，企业可以与同行业企业建立良好的合作关系，共同应对挑战、推动行业的健康发展。

企业可以积极参与各类行业组织、协会等机构的活动，与同行业企业进行深度的交流和合作。这些活动为企业提供了一个展示自身实力、了解行业动态的平台。通过参加行业会议、研讨会等，企业可以了解到同行业的最新合规经验、技术革新和行业发展趋势。这些信息不仅有助于企业洞察市场先机，还可以为企业的合规管理提供宝贵的借鉴和参考。

企业可以与其他同行业企业建立紧密的合作关系，共同开展合规培训和宣传活动。合规是企业经营的基础，也是企业长期发展的保障。通过共享合规资源和经验，企业可以互相学习、共同进步，提高员工的合规意识和能力，降低违规风险。同时，企业还可以与同行业企业共同制定行业标准和规范，推动整个行业合规水平的提升，营造一个更加健康、有序的市场环境。

企业还可以与其他同行业企业开展业务合作，共同开拓市场、提高竞争力。在合作过程中，企业应注重合规风险的防范和控制，确保双方的合作符合法律法规和行业规范的要求。通过共同研发新产品、拓展新市场、共享客户资源等方式，企业可以实现互利共赢，提升在行业中的地位和影响力。

第二章
商业模式设计与财务管理合规

在当今商业环境中,企业要想在激烈的竞争中脱颖而出,除了拥有优质的产品和服务外,还需要建立健全的财务管理体系,以实现财务管理合规。财务合规作为企业健康发展的重要保障,日益受到企业管理者的高度重视。而商业模式设计在很大程度上决定了企业的盈利模式和财务状况,对财务管理合规起着至关重要的作用。

企业商业模式设计与企业财务合规管理

苹果公司以其独特的商业模式设计和严格的财务合规管理著称。在设计商业模式时,苹果不仅注重产品创新和用户体验,还充分考虑到财务合规的要求。通过精细的供应链管理、有效的成本控制以及合理的利润分配,苹果在确保企业利润最大化的同时,也确保了财务活动的合规性。

苹果公司的案例充分展示了商业模式设计与财务合规管理之间的紧密联系。通过将财务合规管理融入商业模式设计,苹果在创造价值和获取利润的同时,也确保了财务管理的合规性,从而实现了企业的可持续发展。这一做法为其他企业提供了宝贵的启示,即商业模式设计与财务合规管理应相互融合,共同促进企业的稳健发展。

▶ 企业商业模式设计与财务合规管理的关联

在商业世界中,企业的成功不仅仅依赖于其产品或服务的质量,更在于其独特的商业模式以及与之紧密相关的财务合规管理。通过加强财务合规管理,企业可以确保商业模式的可行性和可持续性,为企业的稳健发展提供有力的保障。同时,企业也需要根据商业模式的特点和需求来制定和调整财务合规管理策略,以实现最佳的协同效应。

商业模式是企业实现盈利和价值创造的方式,而财务合规管理则是确保这一方式得以有效执行的关键。通过建立健全的财务合规体系,企业可以确保所有财务活动都遵循法律法规和行业规范,从而避免潜在的法律风险和经济损失。同时,财务合规管理还能够为企业提供及时、准确的财务信息,帮助企业更好地了解自身的财务状况和经营成果,为商业模式的实施提供有力的数据支持。

财务合规管理还可以为商业模式的创新和演进提供支持。随着市场环境和竞争态势的不断变化，企业需要不断地调整和优化商业模式以适应新的市场需求。在这个过程中，财务合规管理发挥着重要的作用。通过对财务数据和指标的监控和分析，企业可以及时发现商业模式中存在的问题和机会，并据此进行相应的调整和优化。例如，如果发现某个产品或服务的销售增长放缓，企业可以通过分析财务数据了解原因，并据此调整市场策略或优化产品功能以吸引更多客户。同时，财务合规管理还可以为企业提供创新的思路和方法，帮助企业探索新的商业模式和盈利方式，提升企业的竞争力和盈利能力。

商业模式在一定程度上决定了财务需求和风险。不同的商业模式具有不同的特点和需求，对财务资源的分配和使用也会有所不同。例如，一个强调创新和研发的商业模式可能需要大量的研发经费和人才投入，而一个注重成本控制和效率提升的商业模式则可能更加关注成本控制和资产周转率。因此，在制定财务合规管理策略时，企业需要充分考虑商业模式的特点和需求，以确保财务资源的合理配置和有效使用。同时，商业模式的选择也会带来一定的财务风险，如市场风险、信用风险等。财务合规管理需要针对这些风险制定相应的风险防控措施，以确保企业的稳健发展。

更值得一提的是，财务管控与商业模式之间还存在着相互促进的关系。一方面，财务管控可以为商业模式的创新和演进提供有力的支持。通过对财务数据的深入分析，企业可以识别出当前商业模式存在的问题和机会，从而进行针对性的优化和改进；另一方面，商业模式的创新也会为财务管控带来新的挑战和机遇。随着企业业务的不断拓展和市场的不断变化，商业模式也需要不断地进行更新和升级，这就要求财务管控部门能够紧跟时代的步伐，不断创新和完善自己的管理体系，以更好地支撑企业的业务发展。

▶ 商业模式设计与财务合规管理的紧密结合

鉴于商业模式设计与企业财务合规管理之间的关联，为了确保企业的稳健发展，商业模式设计必须紧密结合企业财务合规管理，制定合理的财务策略、建立绩效评估机制，以及引入信息技术支持。

在制定合理的财务策略时，企业需深思熟虑，全面考虑企业所处的市场环境、行业特点、竞争态势以及内部资源能力等多方面因素。首先，企业需要对市场进行深入调研，了解行业发展趋势、市场需求变化以及竞争对手的财务状况。这些信息将为企业提供制定财务策略的重要参考，帮助企业明确自身的市场定位和发展方向。其次，在财务规划方面，企业需结合自身发展战略，制订详细的财务计划。这包括预测企业未来的收入、支出、利润和现金流等关键财务指标，并制订相应的预算和计划。财务规划应充分考虑企业的扩张速度、成本控制、盈利能力以及投资回报等因素，确保企业在实现增长的同时，保持良好的财务状况。在资金筹措方面，企业需根据自身的资金需求和筹资能力，选择合适的筹资方式。这包括股权融资、债权融资、内部融资等多种方式。企业需权衡各种筹资方式的利弊，确保筹资成本最低、风险最小，并为企业的发展提供稳定的资金支持。在资金投资方面，企业需根据自身的投资能力和市场机遇，选择合适的投资项目。这包括固定资产投资、研发投资、市场营销投资等多个方面。企业需对投资项目进行全面的风险评估和收益预测，确保投资项目的收益能够覆盖成本，并为企业带来长期稳定的回报。最后，风险控制也是财务策略中不可忽视的一环。企业需建立完善的风险管理体系，对财务风险进行识别、评估、监控和应对。这包括建立财务风险预警机制、制定财务风险应对预案、加强内部控制等方面。企业需通过风险控制手段，降低财务风险的发生概率和损失程度，确保企业稳健发展。

在建立绩效评估机制的过程中，确保财务合规与商业模式设计的紧密结合是至关重要的。首先，制定合理的财务指标体系是建立绩效评估机制的基础。这些指标应该全面、具体、可量化，能够反映企业的财务状况、经营成果以及财务风险。例如，可以包括营业收入、净利润、总资产周转率、应收账款周转率等财务指标，以及财务风险指标如资产负债率、流动比率等。这些指标的设置应该与企业的商业模式和财务合规要求紧密结合，确保评估的准确性和针对性。其次，在绩效评估过程中，企业需要收集和分析大量的财务数据。这些数据应该包括企业的财务报表、会计凭证、税务申报表等，以及与商业模式和财务合规相关的其他数据。通过对这些数据的分析，企业可以了解自身的财务状况和经营成果，及时发现和纠正问题，确保财务和经营活动的有效协同。同时，绩效评估机制还需要建立有效的反馈和纠正机制。通过对评估结果的及时反馈，企业可以了解自身在商业模式和财务合规方面存在的问题，并采取相应的措施进行纠正。这些措施可能包括调整财务策略、优化商业模式、加强内部控制等。通过不断的反馈和纠正，企业可以不断提升自身的财务合规水平和商业模式的竞争力。最后，绩效评估机制还需要建立相应的激励机制。通过将绩效评估结果与员工的薪酬、晋升等激励机制相结合，可以激发员工的工作积极性和创造力，促进企业的稳健发展。同时，这也有助于提高员工对财务合规和商业模式设计的重视程度，形成全员参与、共同推进的良好氛围。

引入信息技术支持在商业模式设计与企业财务合规管理融合的过程中，扮演着至关重要的角色。首先，信息技术的引入可以极大地提升财务数据的处理和分析能力。通过应用先进的财务软件、ERP系统（企业资源规划系统）等工具，企业可以实现对财务数据的实时收集、整理和分析，从而确保财务数据的准确性和时效性。这不仅有助于企业及时发现并解决财务问题，还能为商业模式的设计和优化提供有力的数据支持。其次，信息技术在风险评估和预警方面发挥着重要作用。借助大数据分析技术，企业可以对财务数据进行深入挖掘，发现潜在的风险点，并提前制定风险防控措施。例如，通过对历史财务数据的分析，企业可以预测未来的财务趋势，从而及时调整商业模式和财务策略，避免潜在的风险。再次，信息技术还能促进财务合规管理的自动化和智能化。通过引入自动化工具和智能算法，企业可以实现对财务合规流程的自动化处理，减少人为错误和疏漏，提高合规管理的效率和准确性。同时，智能算法还可以帮助企业发现潜在的合规风险，并提供相应的解决方案，从而进一步提升企业的合规水平。最后，信息技术的引入还有助于提升企业的决策效率和质量。通过收集和分析各种财务数据和市场信息，企业可以更加全面、准确地了解自身的经营状况和市场需求，从而作出更加科学、合理的决策。这不仅有助于企业优化商业模式，还能提升企业的竞争力和盈利能力。

商业模式设计对企业财务合规的影响

星巴克在商业模式设计与财务合规方面取得了显著成效。其独特的"第三空间"概念不仅吸引了大量消费者，也提升了品牌价值和盈利能力。同时，星巴克严格遵守税法规定，透明公开财务报告，以确保财务合规。这种商业模式与财务合规的紧密结合，使星巴克在保持高速增长的同时，也赢得了市场的广泛认可。

星巴克的案例充分展现了商业模式设计与财务合规管理相互促进、共同发展的重要性。通过创新的商业模式设计，星巴克提高了盈利能力，降低了经营风险；而严格的财务合规管理则确保了企业的合规性和透明度，增强了企业的竞争力。两者相辅相成，共同推动了星巴克的可持续发展。

▶ 财务合规：企业稳健发展的基石

财务合规不仅意味着企业需要严格遵守国家法律法规，更关系到企业的风险控制、形象塑造以及内部治理的完善。只有注重财务合规管理，企业才能够在激烈的市场竞争中立于不败之地，实现长期、稳定、可持续的发展。

遵守法律法规是企业财务合规的核心要义。企业作为社会经济活动的主体，必须遵循国家颁布的各项法律法规，特别是与财务、税务、审计等相关的规定。通过严格遵守这些法律法规，企业能够确保自身的财务行为合法、合规，避免因违法行为而带来法律风险和损失。

财务合规有助于企业识别和防范潜在风险。在市场竞争日益激烈的情况下，企业面临着诸多风险，如财务风险、市场风险、运营风险等。通过实施财务合规管理，企业能够建立完善的风险识别和评估机制，及时发现并应对潜在风险，从而保障企业的长期稳定发展。

财务合规还能够提升企业的社会形象。一个注重财务合规的企业往往能够获得更多的社会认可和信任，从而增强投资者和合作伙伴的信心。这种信任不仅能够为企业带来更多的商业机会和合作伙伴，还能够提升企业的品牌价值和市场竞争力。

财务合规有助于促进企业内部治理的完善。通过实施财务合规管理，企业能够建立完善的内部控制体系，规范财务管理流程，提高财务管理水平。这不仅有助于企业提高财务管理效率，还能够减少因管理不善而带来的损失和风险。同时，财务合规还能促进企业各部门之间的沟通和协作，提高企业的整体运营效率。

▶ 商业模式设计：财务合规的助推器

以下是一家酒店，接受我的建议重新做了商业模式设计，结果用了不到6年时间，就在数百个城市开了近400家酒店，在用户满意度、投资回报率、投资人满意度等维度上都做出了不错的成绩。

那么，它是如何做到的呢？

首先，酒店在流量和转化率方面进行了不同的尝试。在酒店的商业体系中，有两个核心角色系统：一个是酒店管理公司，一个是加盟商。在这个角色系统里，酒店的核心工作共有六个：（1）定义酒店的服务品质，包括但不限于软硬件要求(如空调、暖气等)，提供视觉系统的装修方案；（2）为酒店输出总经理和人力资源经理；（3）为员工提供培训和考核；（4）打通酒店网络预订通道，将酒店收入项与房东结算；（5）对酒店品牌及各店进行形象推广和公关宣传；（6）突出加盟商的核心能力，即寻找地段好、租赁合适的房子，处理与当地消防、招聘等有关的问题。

其次，把"消费者"变成"投消者"。酒店推出了众筹酒店的模式，把筹备中的项目进行项目融资，在众筹平台上发起众筹。投资人只要出资1万元~10万元，就能参与酒店的股权融资，帮酒店业主缓解资金压力，同时变成股东。最早参与众筹的7500位会员，不仅是消费者，更是"投消者"。

最后，场景电商。顾客在酒店体验到的东西，例如枕头、床垫、洗发水等，都可以直接购买。2016年，一款品牌床垫共卖出3万张，销量着实惊人。该酒店的空间定义不仅不是休息空间，也不是基于用户体验地图优化的最终体验，而是用户在不同的地方体验各种生活新产品、所见即所得的电商空间。在该酒店，用户可以享受到美好的居住体验。酒店至少有三个利润来源：房费、商品的展示费、电商的利润。所以，在过去几年，该酒店呈现出强大的生命力和扩张态势。

这个精心设计的商业模式，不仅提高了企业的盈利能力，降低了运营风险，还提升了财务透明度，增强了企业竞争力，并推动企业不断发展。

在构建企业长期稳健发展的蓝图时，商业模式设计的重要性不容忽视，尤其在促进财务合规方面，其积极作用尤为显著。

优秀的商业模式设计是提高企业盈利能力的关键。通过优化资源配置、降低成本、提高运营效率等措施，企业能够更高效地实现盈利目标，并在市场上获得更大的份额。这种盈利能力的提升，不仅为企业提供了更多的资金支持，也为企业财务合规创造了更加有利的条件。

商业模式设计有助于降低企业的运营风险。优化业务流程和资源整合，能够减少企业在运营过程中出现的错误和漏洞，降低因违规操作而带来的潜在风险。这种风险降低的效果，有助于保障企业财务行为的合规性，为企业稳健发展提供了坚实的保障。

合规的商业模式设计能够提高企业的财务透明度。透明化的财务信息便于监管部门和投资者对企业进行监督，提高企业的信誉度和声誉。这种财务透明度的提升，不仅有助于企业树立良好的品牌形象，还能增强投资者和合作伙伴的信心，为企业带来更多的商业机会。

商业模式设计还能帮助企业降低经营风险。通过对潜在风险的识别和评估，企业可以制定相应的防范措施，降低在市场竞争中的不确定性。这种风险的降低，有助于减少违规操作带来的负面影响，确保企业稳健发展。

合规的商业模式设计能够增强企业的竞争力。通过树立良好的品牌形象和提高客户信任度，企业能够在激烈的市场竞争中脱颖而出。同时，合规的财务管理也能为企业提供准确、及时的信息支持，为企业决策提供有力依据。这种竞争力的提升，不仅有助于企业扩大市场份额，还能提高企业的盈利能力和发展水平。

商业模式设计还能推动企业不断创新。在遵循法律法规的前提下，企业可以通过创新实现价值创造和财务业绩的提升。这种创新不仅能够为企业带来新的盈利点和增长空间，还能提高企业在市场中的竞争力，实现长期稳健的发展。

企业财务合规管理视角下商业模式设计的核心

随着科技的快速发展和市场需求的不断变化，企业如何通过财务合规管理视角下的商业模式设计来适应这些变化成为一个重要议题。以华为公司为例，该公司深刻理解客户需求的多样性和动态性，因此不断创新其产品和服务，以满足客户需求。华为采用了价值主张设计工具，帮助公司更好地理解客户真正的需求，并据此设计相应的解决方案。例如，华为在5G技术领域的领先，不仅是因为其技术创新，更是因为它能够精准地预测和满足市场及客户的需求。此外，华为还通过整合内外部资源，如与全球各地的合作伙伴共同开发新技术，加强了其在全球市场的竞争力。在盈利模式方面，华为不仅依靠传统的硬件销售，还积极拓展云服务、人工智能等高增长领域，这些都是基于对未来市场趋势的准确判断和资源整合能力。同时，华为还优化了其业务流程，特别是在数字化转型方面进行了大量投资，以提高效率和响应速度。

华为的案例充分展现了在合规视野下商业模式设计的核心理念。通过深入理解客户需求、创新提供高价值产品和服务、设计多元化盈利模式、优化业务流程以及整合内外部资源，这一系列策略的实施，不仅提升了华为的市场份额，也增强了其财务健康和合规性。

➢ 客户价值：商业模式设计中的价值创造与合规优化

以下是一家以实业为本的综合类产业企业。为了提高客户满意度，成为受人尊敬的"美好生活创造者"，为客户创造更有温度的生活，我建议其在设计商业模式中，要重视客户价值创造，以提供高品质、个性化服务为目标，以客户满意度指标为准绳，努力提升客户服务数字化，实现对客户精准服务的落地。

企业接受我的建议，采取了以下措施：

（1）搭建客户即时评价中台。该企业建立了360度的服务评估体系，围绕销售、交付、入驻等三大关键节点，对企业运营全部环节展开调查，时刻洞察客户评价的发生，为用户提供多维度的动态智能评价系统。以客户反馈为基础，该企业迅速洞察问题、解决事件和优化流程，实现了高质量的服务交付。

（2）打通渠道，强化智能管理。该企业积极打造客户评价数据中台，打通了所有客户服务环节，整合了全渠道客户资源、信息，并用于运营和服务，通过多部门协作，提高咨询转化率和满意度，打造了一站式的"获客—服务—增长"运营闭环，让"服务客户"的意识成为企业第一意识，将集团打造成了数字化服务型企业。

（3）鼓励客户参与。该企业的客户即时评价系统面向所有客户，通过线上线下全域获客，为所有人提供发声平台，让客户参与到与企业的互动中来，增强对品牌的信任程度；对客户进行精细划分、分层运营，为他们提供个性化服务，提高运营效率，达到降本增效的效果。

（4）重视满意度。该企业将客户满意度指标纳入整个区域的组织绩效，以直观、即时的数据作为支撑，将客户满意度考核有效落实到各职能岗位，通过会议讨论，及时解决问题，提升企业服务品质。

通过这项措施的实施，该企业不仅在法律法规的框架内稳健运营，更在满足客户需求、提供创新产品与服务的基础上，实现了价值的最大化。这一理念，也是该企业在构建商业模式时始终坚持的。

在企业财务合规管理的宏大叙事背景下，客户价值被赋予了更为深远的意义。

客户价值是企业财务合规管理的基础。在合规的前提下，企业需深入了解客户的需求和期望，通过不断的市场调研和数据分析，准确把握市场动态，以便为客户提供更贴合其需求的产品和服务。这种以客户需求为导向的商业模式设计，有助于企业建立与客户的长期信任关系，为企业的稳定发展奠定坚实的基础。

创新是提升客户价值的关键。在日益激烈的市场竞争中，企业需要不断寻求创新，通过技术、产品、服务等多方面的创新，提高客户的满意度和忠诚度。同时，企业还需要关注客户价值的变化，及时调整商业模式，以确保其始终能够为客户提供具有竞争力的产品和服务。

实现价值最大化是企业财务合规管理和商业模式设计的共同目标。在遵守法律法规的前提下，企业通过优化资源配置、提高运营效率、降低成本等方式，实现经济效益的最大化。同时，企业还需要关注社会责任和可持续发展，确保在实现经济效益的同时，也能够为社会和环境做出贡献。

▶ 盈利模式：商业模式设计的核心策略与合规基石

在企业财务合规管理的框架下，盈利模式的核心理念显得尤为关键。它不仅仅关乎企业如何盈利，更涉及在遵循法律法规的前提下，如何确保企业在满足客户需求的同时，实现经济效益的最大化。这一核心理念是商业模式设计中不可或缺的一部分，直接决定了企业的长期盈利能力和市场竞争力。

盈利模式的设计必须遵循法律法规。在企业财务合规管理的要求下，任何盈利模式的构建都不能违反国家法律法规。这意味着企业在设计盈利模式时，需要充分了解并遵守相关的财务、税务、反垄断等法律法规，确保企业的盈利活动合法合规。

盈利模式的设计要满足客户需求。客户的需求是企业盈利的源泉。因此，企业在设计盈利模式时，必须深入了解客户的需求和期望，以客户需求为导向，提供符合市场需求的产品和服务。只有满足了客户的需求，企业才能获得更多的市场份额，从而实现盈利目标。

盈利模式的设计要追求经济效益的最大化。在满足客户需求和遵循法律法规的前提下，企业需要通过优化资源配置、提高运营效率、降低成本等方式，实现经济效益的最大化。这要求企业在设计盈利模式时，充分考虑市场竞争环境、客户需求变化、技术进步等因素，不断调整和优化盈利模式，确保企业能够持续获得稳定的盈利。

盈利模式的设计要注重可持续发展。随着市场竞争的加剧和客户需求的变化，企业需要不断寻求创新和改进，以保持盈利模式的竞争力和适应性。同时，企业还需要关注社会责任和环境保护等问题，确保盈利模式的可持续发展。

▶ 优化业务流程：提升竞争力与合规并行的关键

业务流程优化这一核心理念在商业模式设计中具有举足轻重的地位，它直接决定了企业在市场中的竞争地位和发展潜力。这一核心理念的实现需要企业具备敏锐的市场洞察力和创新能力，不断寻求新的业务模式和盈利点，确保企业能够在市场竞争中立于不败之地。

优化业务流程是盈利模式核心理念的关键环节。一个高效的业务流程能够确保企业资源得到合理配置，降低不必要的浪费和损耗，从而为企业创造更多的利润空间。在财务合规管理的要求下，企业需要对现有的业务流程进行全面审视和评估，找出存在的瓶颈和不合理之处，通过引入先进的管理理念和技术手段，对业务流程进行优化和再造。

降低运营成本是优化业务流程的直接目标。通过优化业务流程，企业能够减少不必要的环节和步骤，降低人力、物力和财力的投入，从而有效地降低运营成本。这不仅能够提高企业的盈利能力，还能够增强企业的市场竞争力。在财务合规管理的要求下，企业需要在确保合规性的前提下，通过精细化管理和成本控制，实现运营成本的最低化。

提高企业竞争力是盈利模式核心理念的最终目标。通过优化业务流程和降低运营成本，企业能够提升自身的运营效率和盈利能力，从而在市场竞争中占据有利地位。在财务合规管理的要求下，企业需要不断创新和改进盈利模式，以适应市场的变化和客户需求的变化，确保企业能够在激烈的市场竞争中保持领先地位。

▶ 资源整合与优化：实现高效运营与合规并行

资源整合与优化理念强调企业应充分发掘并利用内外部资源，通过资源的有效配置和整合，提高整体运营效率，从而为企业创造更大的价值。资源整合与优化不仅是企业实现经济效益最大化的关键手段，也是企业在复杂多变的市场环境中保持竞争力的关键因素。

资源整合要求企业全面审视自身拥有的资源，包括人力资源、财务资源、技术资源、市场资源等。通过对这些资源的深入分析和评估，企业可以明确自身资源的优势和不足，为资源的有效配置和整合提供基础。

在财务合规管理的要求下，企业需要在合法合规的前提下进行资源整合。这意味着企业在整合资源时，必须遵守国家法律法规和财务规章制度，确保资源整合的合法性和合规性。同时，企业还需要注重风险管理和内部控制，有效控制资源整合过程中的风险。

在资源整合的过程中，企业应注重实现资源的最优配置。这要求企业根据市场需求、竞争态势和企业战略目标，将有限的资源投入最具价值和潜力的领域，以实现资源的高效利用和最大化价值创造。同时，企业还需要不断优化资源配置方案，以适应市场变化和企业发展的需求。

资源整合的最终目标是提高企业整体运营效率。通过资源的有效配置和整合，企业可以消除资源浪费和重复投入，提高资源的利用效率；同时，企业还可以加强内部协作和沟通，提高组织效率和响应速度。这些都有助于企业在降低成本、提高质量、缩短交货周期等方面取得显著成效，从而增强企业的市场竞争力。

遵守会计法、会计准则和财务报告规定，确保财务报表真实、准确和完整

财务造假是企业大忌！恒大地产因涉嫌财务造假而被中国证监会立案调查就是一个例子。根据证监会的调查结果，恒大地产在2019年和2020年两年内虚增收入高达5641.46亿元人民币，这一行为严重违反了《中华人民共和国会计法》和《企业会计准则》的相关规定。恒大地产通过提前确认收入的方式进行财务造假，其中2019年虚增收入2139.89亿元，占当期营业收入的50.14%，对应虚增成本1732.67亿元，虚增利润407.22亿元；2020年则虚增收入3501.57亿元，占当期营业收入的78%。而许家印作为恒大地产的董事长，被认定为决策并组织实施财务造假的主犯，因此受到了重罚，包括罚款4700万元人民币，并被终身禁入证券市场。

这一事件不仅揭示了恒大地产内部管理和监督机制的严重缺失，也反映出当前会计法规执行中存在的问题。事实说明，遵守会计法、会计准则等相关法律法规，确保财务报告真实准确是企业在商业模式设计和财务管理中必须坚守的原则。

▶ 会计法、会计准则与财务报告规定下的商业模式设计

会计法规是确保会计信息真实、准确和完整的基石，其重要性不容忽视。因此，加强对会计法规的执行力度，提高企业内部控制质量，对于维护

资本市场秩序和保护投资者权益具有重要意义。企业财务合规的核心在于遵守会计法、会计准则和财务报告规定。这不仅是法律要求，也是确保信息真实、准确、完整的必要手段。商业模式设计应紧密结合这些规定，以构建合规、高效、可持续的经营模式。

遵守会计法是企业财务合规的基本要求。会计法规定了企业在进行会计核算、编制财务报表时应遵循的基本准则和程序，确保了会计信息的真实性和准确性。在商业模式设计中，企业应当充分考虑会计法的规定，确保商业模式的盈利模式和运营流程符合会计法的要求，避免违法违规行为的发生。

会计准则为企业财务报表的编制提供了具体的指导和规范。会计准则要求企业按照规定的计量基础和核算方法，对各项经济业务和事项进行确认、计量、记录和报告。在商业模式设计中，企业应当结合自身的经营特点和行业特点，选择合适的会计准则进行应用，确保财务报表的准确性和可比性。同时，企业还应当密切关注会计准则的更新和变化，及时调整商业模式和财务报表编制方法，以适应新的会计准则要求。

财务报告规定要求企业按照规定的格式和内容编制财务报表，并披露足够、准确、及时的信息，以满足利益相关方的需求。在商业模式设计中，企业应当充分考虑财务报告规定的要求，确保商业模式的运营过程和盈利结果能够充分反映在财务报表中。同时，企业还应当建立健全内部控制制度和风险管理机制，确保财务报表的真实性和完整性。

▶ 完善财务制度和流程与商业模式设计的融合

紧密结合财务相关规定，构建一套科学、合理、高效的财务制度和流程并与商业模式设计紧密结合，对于企业的长远发展至关重要。完善的财务制度和流程能够确保财务工作的规范化，同时与商业模式设计的融合，能够确保企业的经营模式既高效又合规。

完善的财务制度和流程能够确保财务工作的规范化。通过建立明确的财务制度和流程，企业可以明确各项财务工作的具体职责、权限和操作规范，确保财务人员在处理日常工作时能够有章可循、有据可查。这不仅可以避免财务工作中的混乱和随意，还能够提高财务工作的透明度和可追溯性，为企业的稳健发展提供有力的保障。

财务制度和流程的完善需要紧密结合商业模式设计。商业模式设计是企业实现战略目标、满足市场需求的关键环节。在商业模式设计中，财务制度和流程的优化应被充分考虑，以确保企业的财务活动与整体战略相协调。例如，在创新型的商业模式中，财务制度和流程可能需要更加注重资金的使用效率和风险管理，以适应快速变化的市场环境。

通过标准化的操作流程和审批程序，企业可以确保各项财务工作都能够按照既定的规范和标准进行，从而减少人为因素对财务工作的影响。同时，标准化的财务制度和流程还能够使企业在面对不同的财务问题时，迅速找到解决方案，提高应对风险的能力。此外，通过严格的财务制度和流程，企业可以明确各项财务工作的合规要求，规范财务人员的行为，防止违规操作的发生。

为了实现财务制度和流程的完善性并与商业模式设计融合，企业需要采取一系列措施。首先，企业需要根据自身的实际情况和业务特点，制定符合自身发展需要的财务制度和流程。同时，这些制度和流程应充分考虑到商业模式设计的要求，确保两者之间的协调性和一致性。其次，企业需要加强对财务人员的培训和教育，提高其对财务制度和流程的认识和理解。同时，企业还需要建立相应的考核和激励机制，鼓励财务人员遵守财务制度和流程，提高工作效率和质量。最后，企业还需要不断完善和优化财务制度和流程，以适应不断变化的市场环境和业务需求，同时确保与商业模式设计的紧密融合。

➢ 引入第三方审计机制与商业模式设计的协同

第三方审计机制能够对企业财务报表进行独立、客观的审查，而商业模式设计的合规性、高效性和可持续性则为审计提供了重要的参考框架。引入第三方审计的意义在于其客观性和独立性。这种审计方式能够确保财务报表的真实性和准确性，为投资者、债权人等外部利益相关者提供可靠的财务信息。同时，第三方审计机构在审计过程中，还会对企业的内部控制体系、风险管理机制以及合规性等方面进行全面评估，为企业发现自身在治理方面的问题和不足提供有力的支持。

商业模式设计的合规性、高效性和可持续性是引入第三方审计的重要前提。商业模式设计应紧密结合会计法、会计准则和财务报告规定，确保企业的经营模式既符合法律法规要求，又能够实现高效运营和可持续发展。在引入第三方审计时，审计机构会根据企业的商业模式特点，对财务报表进行有针对性的审查，从而确保审计结果的准确性和相关性。

在引入第三方审计与商业模式设计协同的过程中，企业需要注意以下几点。首先，企业需要选择具有丰富经验和专业能力的审计机构，确保审计工作的质量和效率。同时，审计机构应了解企业的商业模式特点，以便在审计过程中能够准确把握企业的财务状况和经营成果。其次，企业需要与审计机构建立良好的合作关系，确保审计工作的顺利进行。双方应保持密切沟通，共同解决审计过程中出现的问题和困难。最后，企业还需要加强自身的内部控制和风险管理机制建设，确保财务报表的真实性和准确性。

▶ 健全内控和风险管理制度与商业模式设计的融合

内部控制作为企业为实现经营目标、保护资产安全、确保财务报告真实可靠而制定的一系列政策和程序，与商业模式设计紧密相关。一个优秀的商业模式需要基于对企业财务活动的深入了解，以确保在运营过程中实现资源的最优配置和风险的最低化。因此，内部控制制度的建立应充分考虑商业模式的特点和需求，确保各项控制活动能够有效地支持商业模式的实施。同样，风险管理制度也与商业模式设计密不可分。在商业模式设计过程中，企业需要对潜在风险进行充分识别、评估和管理，以确保商业模式的稳健性和可持续性。风险管理制度的建立应基于商业模式的特点，制定相应的风险管理策略和措施，以帮助企业有效应对各种风险挑战。

为了建立健全内部控制和风险管理制度，并与商业模式设计实现融合，企业需要采取以下措施：一是明确内部控制和风险管理的目标和原则，确保这些目标与企业的商业模式设计相一致。这有助于确保内部控制和风险管理制度能够支持商业模式的实施，并为企业的发展提供有力的保障。二是深入分析商业模式的特点和需求，制定符合企业实际的内部控制和风险管理制度。这些制度应能够全面覆盖企业的财务活动，确保各项控制活动能够有效地支持商业模式的实施。三是加强内部控制和风险管理的培训和宣传，提高员工的风险意识和合规意识。这有助于确保员工能够充分理解并遵守内部控制和风险管理制度，从而确保制度的有效执行。四是定期对内部控制和风险管理制度进行审查和评估，确保其适应企业的发展变化和外部环境的变化。这有助于确保制度能够持续有效地支持商业模式的实施，并为企业的发展提供有力的保障。五是建立健全的内部控制和风险管理的监督机制，确保制度得到有效执行和遵守。这包括设立专门的监督机构或人员，对内部控制和风险管理制度的执行情况进行监督和检查，以确保制度的有效性和合规性。

建立健全内控体系，强化业财融合管理，有效防范财务舞弊和不当行为

有一家名为"阳光机械有限公司"的企业，在面临市场变化和监管压力的情况下，决定通过优化商业模式设计和财务管理体系来提升企业的整体竞争力。公司首先强化了内部控制，设立了专业的内控部门，由经验丰富的财务和审计专家负责，全面梳理业务流程，识别潜在风险，并据此制定了针对性的改进措施。在业财融合方面，公司鼓励财务部门与业务部门紧密合作，共同制定财务策略，实现财务与业务的无缝对接。这种协同不仅提高了财务信息的准确性和时效性，还有效推动了公司整体运营效率的提升。为防范财

务舞弊和不当行为，公司建立了严格的审批流程和监控机制，确保所有财务操作均符合规范。同时，公司加强了对员工的合规培训，提高员工的法律意识和道德素质。对于发现的违规行为，坚决予以查处，以维护公司的良好声誉和稳健经营。通过这一系列举措，阳光机械有限公司不仅提升了整体竞争力，还为企业的可持续发展奠定了坚实的基础。

阳光机械有限公司的做法充分展示了商业模式设计与财务管理合规的紧密联系。通过加强内控体系建设、强化业财融合管理以及有效防范财务舞弊和不当行为，企业不仅提升了财务管理水平，还增强了自身的竞争力和可持续发展能力。事实证明了建立健全内控体系、强化业财融合管理以及有效防范财务舞弊和不当行为在商业模式设计与财务管理中的重要性。

➤ 商业模式设计与内控体系的深度融合

商业模式设计与内控体系的深度融合是企业实现稳健发展的必然要求。内控体系能够帮助企业在商业模式设计过程中遵循法律法规要求，确保企业的经营活动合法合规；能够优化企业的业务流程和管理制度，减少不必要的浪费和损失，提高企业的运营效率；能够帮助企业识别和评估潜在的风险，并制定相应的风险管理策略和措施。

因此，在商业模式设计过程中，企业应充分考虑内控体系的建立与完善，确保内控体系与商业模式的设计相协调、相促进。通过加强内控体系的建设和管理，企业能够确保商业模式的合规性、有效性和可持续性，为企业的稳健发展提供有力的保障。

具体来说，一是明确内控目标和原则。在商业模式设计之初，企业应明确内控体系的目标和原则，确保其与企业的战略目标和商业模式相一致。这有助于企业在后续的商业模式实施过程中保持内控体系的稳定性和有效性。二是制定详细的内控政策和程序。企业应根据商业模式的特点和要求，制定详细的内控政策和程序。这些政策和程序应涵盖财务、运营、合规等各个方面，确保业务流程的合规性和有效性。三是设立专门的内控部门或团队。企业应设立专门的内控部门或团队，负责内控体系的建立、执行和监督。这个部门或团队应具备专业的知识和技能，能够独立、客观地开展内控工作。四是加强内控培训和宣传。企业应加强内控培训和宣传，提高全员的内控意识和风险意识。通过培训和宣传，使员工了解内控体系的重要性、内容和要求，自觉遵守内控政策和程序。

➢ 在商业模式设计中强化业财融合管理

"业财融合"是业务与财务融合的简称，是指业务发展与财务管理相结合，业务和财务融为一体，从企业的整体去思考业务开展是否符合集团发展的目标方向。通过业务与财务的双向奔赴，实现合规与增长双赢。

在商业模式设计中，强化业财融合管理是提高企业管理效率和决策质量的关键。商业模式设计是企业为了实现其战略目标，对内外部资源进行整合和配置的过程。在这个过程中，财务信息和业务信息的准确性和及时性对于决策的正确性和高效性至关重要。业财融合管理通过打破部门壁垒，实现业务部门和财务部门之间的无缝对接，可以确保信息的及时共享和协同工作，从而为企业提供更加准确、及时的财务和业务数据，为商业模式设计提供有力的支持。通过建立业财融合的组织架构、优化业务流程和管理制度、利用信息技术手段提高效率以及建立有效的沟通机制等措施，企业可以实现财务信息和业务信息的无缝对接和高效协同工作，为企业的发展提供有力的支持。

在商业模式设计中，强化业财融合管理需要充分考虑以下因素：一是建立业财融合的组织架构，以打破传统的部门壁垒，实现业务部门和财务部门之间的紧密合作。这种组织架构应确保财务信息和业务信息的顺畅流通，避免出现信息孤岛现象，提高信息的准确性和及时性。二是优化业务流程和管理制度。通过优化业务流程，可以减少不必要的环节和浪费，提高运营效率；通过完善管理制度，可以确保业务活动的合规性和规范性，降低企业风险。三是利用信息技术手段提高效率。企业可以采用大数据、云计算、人工智能等技术手段，实现财务数据和业务数据的集中管理和共享。这不仅可以提高数据的处理速度和准确性，还可以实现数据的实时更新和监控，为企业的决策提供有力的支持。四是建立有效的沟通机制。企业可以通过定期召开联席会议、建立信息共享平台等方式建立有效的沟通机制，确保信息的及时传递和共享。同时还需要加强员工培训和宣传，提高全员对业财融合管理的认识和重视程度。

▶ 财务舞弊与不当行为的有效防控策略

财务舞弊和不当行为的存在，如同潜伏在企业内部的暗流，时刻威胁着企业的声誉、利益以及市场的公平竞争环境。因此，在商业模式设计和财务管理中，如何构建有效的防控机制，防范财务舞弊和不当行为，成为每一个企业必须面对的重要课题。通过加强内部控制、强化内部审计、提高员工素质以及加强监管和加大处罚力度等措施，企业可以构建有效的防控机制，确保财务信息的真实性和准确性，维护企业的声誉和利益以及市场的公平竞争环境。

在商业模式设计中，加强内部控制是防范财务舞弊和不当行为的首要举措。企业应建立健全内部控制制度，确保财务活动的每一环节都受到严格的监督和管理。通过明确的职责划分、严格的授权审批流程、完善的财务记录和报告制度等手段，确保财务信息的真实性和准确性。此外，内部控制还应贯穿于企业的日常运营，形成常态化的监控机制，及时发现并纠正潜在的财务问题。

内部审计是企业财务管理的重要组成部分，也是防范财务舞弊和不当行为的关键环节。企业应设立独立的内部审计部门或团队，对企业的财务报表和内部控制制度进行定期审查和评估。通过内部审计，企业可以及时发现并纠正财务报表中的错误和疏漏，评估内部控制制度的有效性，并提出改进建议。此外，内部审计还可以对企业的业务流程、风险管理等方面进行审查，确保企业的运营活动符合法律法规和内部规定。

财务人员的素质直接关系到企业的财务稳健和诚信度。因此，在商业模式设计中，提高员工的素质是防范财务舞弊和不当行为的重要措施。企业应加强对财务人员的职业道德教育和专业技能培训，提高员工的法律意识和风险意识。通过培训和教育，使员工认识到财务舞弊和不当行为的危害性和违法性，自觉抵制各种诱惑和违规行为。同时，企业还应建立严格的考核机制，对财务人员的工作绩效进行定期评估，确保员工能够遵守企业的财务制度和规定。

监管机构在防范财务舞弊和不当行为中发挥着至关重要的作用。监管机构应加强对企业的监管力度，建立健全监管制度和机制，确保企业遵守法律法规和会计准则。同时，监管机构还应加大对财务舞弊和不当行为的处罚力度，形成有效的威慑作用。通过严格的监管和处罚，维护市场秩序和公平的竞争环境，保护投资者和债权人的合法权益。

第三章
商业模式设计与纳税筹划合规

在合规中,最重要的就是税务合规,它是关系到企业生死存亡的重要指标。企业应在遵循税收法律法规的前提下,充分发挥商业模式的创新能力,实现税收合规与盈利目标的有机结合。通过优化业务结构、利用税收优惠政策、精细化管理税收成本和强化税收合规意识等措施,提高企业税收合规水平,为企业的长远发展奠定坚实的基础。

商业模式设计对企业纳税合规的作用

随着税务政策的不断变化和企业经营环境的复杂多变，商业模式设计对企业纳税合规性的重要性日益凸显。北京金杜律师事务所在 2023 年 1 月 4 日发表的文章《企业常见税务风险防范及应对》中提到了这方面的做法。在这篇文章中，金杜律师事务所强调将税务风险意识融入企业发展和商业模式设计的战略性布局中的重要性。文章指出，企业应当在投融资和经营活动决策之前，准确识别和评估税负高低与税务风险，将税务风险作为重要的考量因素。这不仅有助于实现税负最小化，还能最大化企业价值，从而做出最佳的商业模式和交易结构安排。除了金杜律师事务所，广州理道税务师事务所在 2023 年 8 月 14 日发表的文章《商业模式税务筹划与落地系列》中也提到，商业模式的设计应在满足国家税收政策的前提下，尽可能选择适用国家税收优惠政策、税负轻的应税业务内容，以最大限度地实现企业利益的最大化。这种策略不仅有助于降低企业的税收成本，还能增强企业的市场竞争力。

从这些人士的观点中不难看出，合理的商业模式设计对于企业的税收筹划和合规经营具有至关重要的作用。企业在设计商业模式时，不仅要考虑市场需求和自身资源配置，还要充分考虑税务筹划的角度，以确保企业能够在遵守法律法规的同时，最大化经济效益。

▶ 商业模式与纳税合规的关系

商业模式不仅关乎企业的收入来源、成本结构和盈利模式，更与企业的纳税合规性息息相关。一个合理的商业模式，通过精准的业务流程优化和巧妙的税收优惠政策运用，可以有效降低企业的税收负担，从而提高税收合规性。例如，企业可以通过优化供应链管理，降低流转税成本；通过合理安排研发项目，充分利用研发费用加计扣除政策，降低所得税负担。这种商业模式的设计不仅有利于企业实现盈利最大化，还能确保企业在遵守税收法规的前提下，实现税收合规。

纳税合规是企业在经营过程中必须遵循的基本原则。它不仅要求企业按照税收法律法规的规定，公平、合理地承担税收负担，还要求企业在设计商业模式时，充分考虑税收合规因素，确保业务运作的合法性和合规性。纳税合规的企业更容易获得政府部门的信任和支持，有助于企业在市场中树立良好的形象，增强合作伙伴的信心。同时，纳税合规还有助于企业避免因违反税收法规而面临的法律风险和经济损失，保障企业的稳健发展。

总的来说，商业模式与纳税合规之间存在着相互影响、相互促进的关系。企业在设计商业模式时，应充分考虑税收合规因素，通过优化业务流程、合理利用税收优惠政策等手段，降低税收负担，提高税收合规性。同时，企业也应严格遵守税收法律法规，确保业务运作的合法性和合规性，以实现企业的可持续发展。

➤ 商业模式设计影响企业税收成本

税收成本作为企业运营成本的重要组成部分，其高低直接影响着企业的盈利能力和市场竞争力。因此，如何通过商业模式设计来优化税收成本，成为企业经营管理中不可忽视的一环。一个合理的商业模式设计，可以使企业在合法合规的前提下，通过优化业务流程、合理配置资源、利用税收优惠政策等方式，有效降低税收成本。例如，通过合理的供应链管理，企业可以减少中间环节，降低流转税的负担；通过优化资金结构，企业可以合理利用财务杠杆，降低利息支出和所得税负担；通过巧妙设计商业模式，转换业务性质，合法降低税率和计税依据。

为了实现税收成本的最小化，企业应根据自身的业务特点和税收政策，设计合适的商业模式。首先，企业应对自身的业务进行深入分析，明确自身的核心竞争力和市场定位。其次，企业应密切关注国家税收政策的变化，了解政策导向和优惠措施，以便在商业模式设计中充分利用这些政策。最后，企业还应结合自身的实际情况，通过创新性的思维和方法，设计出既符合市场需求又能够降低税收成本的商业模式，例如，将销售转变为服务；将销售转变为平台服务；将服务转换为技术转让、技术开发等。

➤ 商业模式设计助力企业合规经营

合规不仅代表企业对法律法规的尊重与遵守，更是企业赢得市场信任、实现可持续发展的关键所在。商业模式设计作为企业经营的蓝图，其在确保企业合规经营方面发挥着不可替代的作用。

商业模式设计应当严格遵循税收法律法规。税收法律法规是规范企业纳税行为的重要依据，也是保障国家税收秩序的基础。商业模式设计应充分考虑税收政策的导向和约束，确保企业在开展业务活动时不会触犯相关税法规定。例如，在产品设计阶段，企业应充分考虑产品的税收属性，避免设计出可能引发税收争议的产品；在交易结构设计时，企业应遵循税收法规中关于关联交易、转让定价等方面的规定，确保交易的合法性和合规性。

商业模式设计有助于企业降低税收风险。税收风险是企业经营过程中必须面对的一项风险，它可能来源于税收政策的变化、企业业务模式的调整以及税收执法的不确定性等多个方面。通过优化商业模式设计，企业可以更加精准地把握税收政策的变化趋势，提前规避潜在的税收风险。例如，企业可以通过对业务模式的调整，将高税负业务转化为低税负业务，从而降低企业的整体税负水平；企业还可以通过优化供应链管理、资金运作等方面，降低流转税和所得税等税收风险。

商业模式设计有助于提高企业合规经营水平。合规经营不仅是对法律法规的遵守，更是企业文化、管理理念和经营策略的综合体现。通过优化商业模式设计，企业可以建立更加规范、透明、高效的经营管理体系，提高企业的合规经营水平。例如，企业可以加强对内部员工的税法培训，提高员工的税法意识和合规意识；企业还可以建立完善的内部风险控制机制，确保企业在经营过程中不出现违法违规行为。

商业模式设计对企业纳税筹划的影响

某电商企业近年来不再局限于传统的线下销售，而是通过线上平台构建了一个全面覆盖消费者需求，集仓储、物流、销售于一体的电商生态系统。具体来说，企业通过深入分析销售数据和供应链情况，合理安排商品的进货和仓储，减少不必要的税务成本。同时，企业还利用大数据分析技术，预测未来销售趋势，从而提前规划税务申报，确保税务合规的同时，最大限度地降低税务负担。该模式使得企业能够实时追踪库存情况，根据销售数据精准调整营销策略，并在税务筹划上取得了创新突破。

该电商企业通过创新的商业模式设计，成功实现了税务筹划的优化和市场竞争力的提升。这一案例充分证明了商业模式设计在企业运营中的核心作用，它不仅决定了企业的盈利模式和市场定位，更为企业税收筹划提供了广阔的空间和可能性。在合法范围内，企业可以通过精心设计的商业模式，有效降低税务成本，提升竞争力，实现可持续发展。

▶ 商业模式与企业纳税筹划的关系

商业模式，作为企业运营的核心框架，直接决定了企业的盈利模式、市场定位以及长期发展策略。而纳税筹划，则成为企业在遵守法律法规的前提下，实现税收成本最小化、竞争力提升的重要策略。这两者之间，存在紧密而微妙的关系。

不同的商业模式，往往对应着不同的经济活动、收入来源和成本结构，这也决定了企业所适用的税种和税率。因此，企业在设计商业模式时，就需要考虑如何通过合理的结构安排和策略调整，来降低整体的税收负担。

通过优化商业模式，企业可以巧妙地改变交易活动的实质，从而使其更符合税收优惠政策的条件，降低交易税率。例如，企业可以通过调整业务流程、创新产品服务等方式，来更好地利用国家提供的各项税收优惠政策，降低税收成本，提升经济效益。

▶ 商业模式设计革新企业税收筹划

商业模式设计是企业税收筹划的关键驱动力，它为企业提供了清晰、主动且创新的税收策略框架。通过综合考虑内外部因素，企业能够制定符合自身发展战略且有效降低税负的商业模式，同时充分利用税收优惠政策，推动税收筹划向更加主动和创新的方向发展。

首先，商业模式设计通过明确企业的业务结构和经营方式，为税收筹划提供了清晰的指导。在商业模式中，企业可以综合考虑自身资源、市场需求、竞争环境等因素，制定出既符合企业发展战略，又能有效降低税收成本的业务模式。例如，通过合理的业务拆分和重组，企业可以将高税负业务和低税负业务进行分离，从而降低整体税负；通过优化供应链管理，企业可以降低流转税成本；通过合理安排资金运作，企业可以优化所得税负担。

其次，商业模式设计为企业利用税收优惠政策提供了更多的可能性。各国政府出台的税收优惠政策涵盖了行业、地区、税种等多个方面，为企业提供了降低税收成本的机遇。商业模式设计应充分考虑这些政策，通过合理的业务布局和策略安排，使企业能够充分享受政策优惠，从而降低税收成本。

最后，商业模式设计还促进了企业税收筹划的主动性和创新性。传统的税收筹划往往局限于对现有税收政策的被动适应，而商业模式设计则可以从更宏观、更全面的角度出发，为企业提供更加主动、创新的税收筹划方案。企业可以根据自身的业务特点和市场环境，通过创新性的商业模式设计，实现税收成本的降低和税收合规水平的提升。

通过商业模式的设计，调整和革新业务结构以降低税负

有一家大型跨国制造企业，其在面对日益复杂的全球税收环境和激烈的市场竞争时，决定对其商业模式进行深度调整。该企业重新规划了全球供应链，将部分生产环节转移至低税率地区，同时加强研发创新，提升产品附加值，从而实现了税负的显著降低。此外，企业还通过搭建数字化平台，优化内部管理流程，提高运营效率，进一步降低了税务风险。

这家跨国制造企业的案例充分体现了商业模式设计在应对经济环境变化和税收政策调整中的重要性。通过合理调整业务结构，企业成功降低了税负，提升了竞争力，并确保了业务的合规性。这一案例说明，在当前复杂多变的经济环境中，企业面临着日益激烈的竞争和不断变化的税收政策。如何通过商业模式的设计，调整和革新业务结构，策略性优化以降低税负，成为企业实现可持续发展和增强竞争力的重要课题。因此，企业需要深入了解税收政策，精心设计商业模式，以实现可持续发展和增强竞争力。

▶ 商业模式设计中的税收筹划指导

通过商业模式的设计，企业可以更加清晰地了解自身业务结构中的税负风险点，并采取相应的措施进行规避，实现税负的最小化。为此，企业需要综合考虑市场环境、自身资源、竞争优势等多个因素，以制定出最适合自己的经营策略和模式。在这一过程中，税收筹划的重要性不容忽视。通过商业模式的设计，企业可以更加清晰地了解自身业务结构中的税负风险点，进而采取针对性的措施进行规避，实现税负的最小化。

具体来说，商业模式设计可以为企业提供以下几个方面的税收筹划指导：

一是业务结构分析。在商业模式设计过程中，企业会对自身的业务结构进行深入分析。通过这一过程，企业可以识别出哪些业务环节存在较高的税负风险，如高税率业务、跨国交易等。针对这些风险点，企业可以制定相应的税收规避策略，如调整业务结构、优化供应链管理等。二是经营方式优化。商业模式设计还会涉及企业的经营方式。通过设计合理的经营模式，企业可以降低税负风险，提高盈利能力。例如，企业可以采用更加灵活的定价策略，通过价格转移降低税负；或者采用更加高效的生产方式，降低生产成本，从而减少应纳税额。三是市场定位与税收筹划。市场定位是企业商业模式设计的重要组成部分。通过明确市场定位，企业可以更加精准地把握市场需求和竞争态势，进而制定出更加有效的税收筹划方案。例如，企业可以针对特定市场推出符合税收优惠政策的产品或服务，以降低税负成本。

▶ 业务结构的优化与策略性税收减免

在寻求降低税收负担的道路上，企业不应仅局限于传统的税务筹划手段，还应深入探索业务结构的优化。通过业务分解和整合等手段，企业可以巧妙地调整其业务布局，以实现税负的最小化。

将高税负业务与低税负业务进行分离是税收减免的一种常见策略。这种策略的核心在于识别出企业中税负较高的业务环节，并将其与税负较低的业务进行区分。通过分离，企业可以更加清晰地看到哪些业务环节对整体税负的影响较大，从而有针对性地采取措施进行规避。例如，对于某些高税负的跨国交易，企业可以考虑将其转移到税负较低的地区进行，以降低整体税负。

将盈利能力强和盈利能力弱的业务进行合理组合也是一种有效的策略。在这种策略下，企业需要对自身的业务进行全面评估，识别出盈利能力强和盈利能力弱的业务，并将它们进行有机组合。这种组合旨在实现资源的优化配置和税负的平衡。例如，企业可以将盈利能力强的业务与盈利能力弱的业务进行合并，以利用盈利能力强的业务所产生的利润来弥补盈利能力弱的业务所带来的损失，从而降低整体税负。

除了上述两种策略外，企业还可以利用税收优惠政策来降低税负。各国政府为了鼓励企业发展、促进经济增长，往往会出台一系列的税收优惠政策。这些政策涵盖了行业、地区、税种等多个方面，为企业提供了降低税收成本的机遇。因此，企业在设计商业模式和调整业务结构时，应充分考虑这些政策，通过合理的业务布局和策略安排，使企业能够充分享受政策优惠，从而降低税收成本。

▶ 优化业务结构降低税负的合规性考虑

在通过商业模式设计和业务结构调整来降低税负的过程中，企业不仅要追求经济效益的提升，更要注重合规性的考虑。税收法规是企业必须遵守的底线，任何试图通过违规手段降低税负的行为，都可能导致企业面临严重的法律风险和声誉损失。因此，在优化业务结构以降低税负的实践中，企业必须充分了解并遵循相关的税收法规，确保业务运作的合规性。

首先，企业应对税收法规有深入的了解和研究。税收法规是一个庞大而复杂的体系，涵盖了多个税种、税率、税收优惠政策等。企业在设计商业模式和调整业务结构时，必须对这些法规有清晰的认识，以确保自身业务运作符合法规要求。此外，企业还应密切关注税收法规的动态变化，及时调整自身的业务结构和税务筹划策略，以适应法规的变化。

其次，企业在优化业务结构以降低税负的过程中，应确保所有业务操作都符合税收法规的规定。这包括但不限于合同的签订、发票的开具、税款的申报和缴纳等方面。企业应建立健全内部控制体系，加强对业务操作的监督和审核，确保所有操作都符合法规要求。同时，企业还应加强与税务机关的沟通和协调，及时了解税务机关的监管要求和政策导向，确保自身业务运作的合规性。

最后，企业还应注重风险防范和合规性教育。在优化业务结构以降低税负的过程中，企业可能会面临各种税务风险，如偷税漏税、虚开发票等。这些风险不仅可能导致企业面临法律处罚，还可能损害企业的声誉和形象。因此，企业应建立完善的风险防范机制，加强对税务风险的识别和评估，及时采取措施防范风险的发生。同时，企业还应加强对员工的合规性教育，提高员工的税务意识和风险意识，确保员工在业务操作中遵守税收法规的规定。

基于政策导向，巧妙通过与税收优惠政策的结合加以筹划

国家持续出台税收优惠政策，旨在通过降低企业税负，激发市场活力，促进经济结构调整和产业升级。特别是在科技创新领域，税收优惠政策尤为突出。例如，财政部商科技部、海关总署、税务总局联合编写的《我国支持科技创新主要税费优惠政策指引》（以下简称《政策指引》）于2024年3月12日正式发布。《政策指引》按照科技创新活动环节，从创业投资、研究与试验开发、成果转化、重点产业发展、全产业链等方面对政策进行了分类，并详细列明了每项优惠的政策类型、涉及税种、优惠内容、享受主体、申请条件、申报时点、申报方式、办理材料、政策依据等内容。总的来看，对于高新技术企业，《政策指引》在符合条件的情况下，给予企业所得税优惠，鼓励企业加大研发投入，提升自主创新能力。

类似《政策指引》这样的文件还有许多，那么企业如何结合税收优惠进行筹划？以高新技术企业为例，企业可以通过加大研发投入、提升创新能力，积极申请高新技术企业认定。一旦获得认定，企业即可享受企业所得税优惠等优惠政策。此外，企业还可以结合其他税收优惠政策，如研发费用加计扣除、技术转让所得免税等，进一步降低税收负担。通过巧妙的税务筹划，企业可以在保障合规性的前提下，实现税负的降低和竞争力的提升。据此来讲，企业需要深入了解政策内容，精准识别企业优势，合理安排税务筹划。

▶ 深入了解政策内容

在税务筹划的过程中，深入了解政策内容是至关重要的一步。这是因为税收优惠政策作为国家宏观调控经济的重要手段，其具体内容、适用范围和优惠条件直接关系到企业的切身利益。因此，企业要想在税务筹划中取得实效，就必须对国家及地方税收政策的最新动态保持高度关注，并深入细致地研究这些政策。

关注国家及地方税收政策的最新动态，意味着企业要及时获取政策信息，了解政策调整的方向和力度。这要求企业具备敏锐的政策洞察力，能够通过各种渠道获取最新的政策资讯，如政府官方网站、税务部门发布的通知公告、行业协会和咨询机构的报告等。

深入了解政策的具体内容、适用范围和优惠条件，是确保企业能够准确把握政策导向的关键。企业需要对政策进行逐项研读，了解每项优惠政策的适用范围、优惠幅度、申请条件、办理流程等具体细节。这有助于企业根据自身实际情况，选择最适合自己的税收优惠政策，确保政策优惠能够真正转化为企业的实际利益。

确保能够准确把握政策导向，为企业税务筹划提供有力的支持。这意味着企业需要在深入理解政策的基础上，结合自身的实际情况和优势领域，制定科学合理的税务筹划方案。通过合理的税务筹划，企业可以在降低税收负担的同时，实现经济效益和社会效益的双赢。

▶ 精准识别企业优势

以下是一家线上女装品牌，为了进一步发展，企业开始寻求新的出路。

我对该企业自身的发展现状进行了分析，发现企业具备两个优势：一个是产品策略带来的供应链优势，企业通过分析顾客的浏览、加购等各维度的行为数据，预测服装销售状况，准确率达97%。基于该策略，企业实现了供应链的高度协同。另一个是基于多年积累的电商运营经验，利用自身竞争优势，向企业内外部提供服务。

基于此，我建议该企业以"把公司变成云"为目标，重新构建供应商管理系统，并向外提供接口；打破内部组织结构，实行"小组制"，各小组只保留与服装设计相关的核心人员，只负责设计和日常运营，以及开发相应的系统，使小组可以和供应链管理系统、电商运营系统连接；将电商运营团队独立出来，专门提供电商运营服务，并为这些独立的部门开发功能模块，构建平台。

随着平台的进化，现在该企业已经在服装款式的设计上达到了极致，2023年设计的款式超过了2万款，且其供应链还支持一个款式只生产几百件的订单。

精准识别企业自身的优势是税务筹划中至关重要的一环。这不仅关乎企业能否选择到最适合的税收优惠政策，更关系到企业能否将这些政策优惠转化为实际的经济利益。

企业应当深入剖析自身的实际情况，包括企业的经营范围、主营业务、产品特点、市场定位等多个方面。通过这些分析，企业可以清晰地认识到自己在行业中的定位，以及相对于竞争对手的优势所在。

不同的税收优惠政策往往针对的是不同的企业类型和业务范围，因此，企业需要根据自身的优势领域和业务特点，筛选出最符合自身利益的优惠政策。

在筛选过程中，企业应当注意政策的适用条件、优惠幅度、申请流程等因素，确保选择的政策既符合企业的实际情况，又能够带来实际的经济利益。同时，企业还应当关注政策的稳定性和可持续性，避免因为政策变化而给企业带来不利影响。

通过精准识别企业优势并选择适用的税收优惠政策，企业能够确保政策优惠最大限度地转化为实际利益。这不仅有助于降低企业的税收负担，提高经济效益，还有助于企业提升市场竞争力，实现可持续发展。

▶ 合理安排税务筹划

以下是一家从事薯类深加工和生产高科技化工产品的企业，其以红薯为原材料，由公司向农户下定单生产。

公司老板在2022年年底告诉我，他们计划2023年向农户收购10万吨红薯，支付收购金额4000万元，预计产品销售收入1亿元，销项税额1300万元，进项税额650万元（其中收购农产品的进项税额420万元），税负为6.5%。红薯收购具有季节性，9—12月为收购红薯加工季节，这4个月内公司将鲜红薯加工成薯干，以备全年生产之需；同时，雇用工人2500名，月平均工资为3000元，共支付3000万元。

我通过分析发现，鲜红薯加工成薯干耗用的劳动力多，工资支出在采购成本中的占比较大，企业的工资支出却不能作为增值税进项抵扣，低扣高征，导致税负高，增值税压力很大。所得税方面，由于农产品加工企业季节性强，加班加点多，工资集中支付，受计税工资标准所限，人员工资不能全额在所得税税前扣除，有被纳税调增多缴所得税的风险。

我建议他们终止薯干加工业务，将该项业务前移交给农户加工，使农户交售鲜红薯变成交售薯干；将工人加工薯干的工资3000万元转移出去，由农户加工，农户出售薯干相应地增加3000万元加工费，公司就能增加收购价3000万元，增加可计提的进项税金 $3000×9\%=270$（万元），节约应纳的增值税270万元。由于公司不加工薯干，原先加工薯干超过计税工资标准被纳税调整的风险自然也就不存在了。

使用该筹划方案，将鲜红薯加工为薯干的流程移交给农户，不仅节约了税款，也使该地农户找到了新的致富门路，增加了收入，使公司和农户的关系更加紧密；公司可以腾出仓库、场地、人员等从事深加工，增加产品的附加值，可谓一举多得。

在税务筹划的实践中，合理安排税务筹划方案是确保企业能够充分利用税收优惠政策、降低税收负担的关键步骤。这一过程不仅要求企业基于政策内容和自身优势的深入了解，还需要确保税务筹划的合规性，以防范潜在的法律风险。

　　制定合理的税务筹划方案是企业实现税收优惠利用和税负降低的前提。这要求企业根据政策内容和自身经营特点，结合行业发展趋势和市场环境，制定出既符合政策导向又符合企业实际需要的税务筹划方案。方案应明确税收优惠政策的适用方式、时间节点、预期效果等关键要素，确保企业能够在实际操作中有效执行。

　　税务筹划的合规性是企业在享受税收优惠过程中必须严格遵守的原则。合规性不仅要求企业遵循税收法规和政策要求，还需要确保税务筹划方案的合法性和合理性。企业应避免采用任何违法违规的手段来降低税负，如偷税漏税、虚开发票等，这些行为不仅会导致企业面临法律处罚，还会损害企业的声誉和形象。

　　在确保合规性的同时，企业还必须注重税务筹划方案的灵活性和可持续性。随着政策环境和市场环境的变化，税务筹划方案也需要及时跟进，不断进行调整和优化。企业应建立动态调整机制，根据政策变化和市场变化及时调整税务筹划方案，确保企业能够持续享受税收优惠并降低税负。

　　企业还应加强税务筹划的风险管理。税务筹划过程中可能存在各种风险，如政策风险、操作风险等。企业应建立风险管理机制，对税务筹划方案进行风险评估和监控，及时发现和应对潜在风险，确保税务筹划的顺利进行。

深化税收合规认识，强化风险意识，与税务部门沟通防风险

　　E公司是一家科技公司，在近年来快速发展过程中，该公司积极响应国家税收政策，采取多项措施，有效防范了潜在的税务风险。该公司设立了专门的税务合规部门，负责监控和管理公司的税务事务。通过定期培训和学

习，税务团队不仅掌握了最新的税收法规和政策，还提升了自身的专业素养和风险意识。在日常工作中，他们严格按照税法规定进行申报和缴纳税款，确保公司的税务行为始终符合法律要求。此外，该公司还积极与税务部门建立良好的沟通机制。通过参加税务部门组织的各类培训、研讨会等活动，公司及时了解税收政策的最新动态和解读。同时，公司也定期向税务部门汇报自身的经营情况和税务筹划方案，寻求专业意见和指导。这种主动沟通的方式不仅有助于公司更好地理解和执行税收政策，也为税务部门提供了了解企业实际情况的窗口，促进了双方的合作与互信。

从 E 公司的实践中，我们可以看出深化税收合规认识和强化风险意识对于企业的重要性。首先，通过设立专门的税务合规部门和加强团队建设，企业可以确保自身的税务事务得到专业、规范的管理。其次，与税务部门的积极沟通有助于企业及时获取最新的税收政策信息，理解政策意图，避免因为误解或忽视政策而引发的税务风险。同时，E 公司的做法也体现了企业在履行社会责任方面的担当。通过遵守税法、缴纳税款、与税务部门沟通等方式，企业不仅维护了自身的合法权益，也促进了税收的公平、公正和高效征收，为国家财政收入的稳定增长做出了贡献。总之，E 公司的税务合规实践为其他企业树立了榜样。在当前税收法治化日益完善的背景下，企业应进一步深化对税收合规的认识，强化风险意识，并与税务部门保持密切沟通，共同营造和谐的税收环境。

▶ 深化税收合规认识

以下是一家拥有一般纳税人资格的小型食品厂，表面上经营平淡无奇，实则暗流涌动。我曾建议该厂厂长要提高税收合规认识，但他毫不在意。从 2017 年开始，在老板的授意下，财务就开始帮助公司逃税，通过欺骗、隐瞒等手段，肆无忌惮地进行虚假纳税申报，三年间累计逃税 100 万余元，年度逃税比例高达 80%—97%！令人咋舌！

然而，天网恢恢，疏而不漏！2021 年 9 月，税务机关对该食品厂进行了审查，他们的逃税行为无处可藏。该食品厂很快就收到了《税务处理决定书》和《税务行政处罚决定书》，责令公司限期缴纳逃避的税款和罚款。不过，老板并不买账，对税务机关的通知不屑一顾。2021年10月14日，税务机关再次发出催缴通知，限公司在当月28日前缴清欠款。公司依旧我行我素。

税务机关忍无可忍，于2022年5月6日向公安机关移交了食品厂涉嫌逃税犯罪的线索，第二天公安机关决定立案侦查。接公安机关电话通知后，老板选择了自首，但为时已晚。

诚信合法才是长远之计，所有企业家都应引以为戒，守法诚信，照章纳税。

深化税收合规认识对企业的发展至关重要。税收合规不仅是企业遵循法律法规的基本义务，更是企业稳健经营、持续发展的必要条件。深化税收合规认识，意味着企业要从上至下、从内到外形成对税收合规重要性的共识。

要深化税收合规认识，首先，企业领导层应树立榜样，将税收合规作为企业文化的重要组成部分，引导全体员工充分认识到税收合规的重要性。其次，财务部门作为税收合规的主要执行部门，应建立健全税收合规管理制度，加强对税收法规的学习和研究，确保企业税务活动符合法律法规要求。最后，企业还应加强内部培训，提高员工的税收合规意识，形成全员参与、共同维护税收合规的良好氛围。通过这些措施，企业能够更好地防范税收风险，实现稳健经营和可持续发展。

➤ 强化税收风险意识

强化税收风险意识在当今的企业经营中显得尤为重要。随着税收法律法规的不断完善以及税收监管力度的加强，企业所面临的税收风险也越发复杂多样。为了应对这些风险，企业首先需要充分认识到税收风险对企业经营的潜在影响，这不仅包括可能面临的罚款和处罚，更关乎企业的声誉和长期发展。

因此，建立健全的风险管理机制至关重要。企业应定期评估税收风险，识别潜在的风险点，并制定相应的应对措施。这些措施应具体、可行，并确保在风险发生时能够及时、有效地应对。同时，企业还应加强对员工的税收风险教育，提高员工的税收风险意识，让员工在日常工作中能够主动遵守税收法规，共同防范税收风险。通过强化税收风险意识，企业能够更好地应对各种税收挑战，确保企业的稳健运营和持续发展。

▶ 与税务部门沟通防风险

与税务部门沟通防风险是企业在税收管理中的重要策略。为了有效防范税收风险，企业应积极与税务部门建立并维护良好的沟通渠道。这种沟通不仅有助于企业及时了解税收政策的最新动态和变化，还能确保企业在面对政策调整时迅速作出反应，调整经营策略以符合政策要求。

此外，企业还可以通过向税务部门咨询和反馈税收问题，获得专业的指导和支持。这种双向的沟通机制有助于企业更好地理解和执行税收政策，避免因误解或疏忽而引发的税收风险。通过与税务部门的紧密合作，企业可以及时发现并解决潜在的税收问题，降低税收风险，为企业的稳健发展创造有利条件。

鱼熊兼得，商业模式与税收优惠双管齐下，精细化管理税收成本

根据工信部、财政部、国家税务总局联合发布的《关于延续和优化新能源汽车车辆购置税减免政策的公告》（2023年第10号），以及后续发布的《关于调整减免车辆购置税新能源汽车产品技术要求的公告》（2023年第32号），特斯拉的多款车型被纳入《减免车辆购置税的新能源汽车车型目录》。自2024年1月1日起，消费者在购置特斯拉指定车型时，将享受不

同程度的车辆购置税减免优惠。这些指定车型包括中国制造 Model 3 后轮驱动版、长续航全轮驱动版、中国制造 Model Y 后轮驱动版、长续航全轮驱动版、Performance 高性能版，以及进口的 Model S 双电机全轮驱动版、Model S Plaid 三电机全轮驱动版、Model X 双电机全轮驱动版和 Model X Plaid 三电机全轮驱动版。具体的减免政策为：在 2024 年 1 月 1 日至 2025 年 12 月 31 日期间购置的，免征车辆购置税，免税额不超过 3 万元；在 2026 年 1 月 1 日至 2027 年 12 月 31 日期间购置的，减半征收车辆购置税，免税额不超过 1.5 万元。这一政策的实施，旨在进一步促进新能源汽车市场的发展，鼓励消费者购买更加环保、节能的车型。毫无疑问，这些政策对企业的税务成本精细化管理可谓好处多多，企业利用好政府对新能源汽车的税收优惠政策，可以进一步降低税负。

特斯拉（Tesla）作为一家创新型电动汽车制造商，其独特的商业模式和精细化的税务管理为企业带来了显著优势。特斯拉的直销模式是一种创新的销售策略，它通过直接与消费者沟通，省去了传统经销商和分销商的中间环节，从而为用户提供了优质的产品体验和客户服务。这种模式在降低产品库存和资金占用、缩短运营成本方面具有显著优势。对于消费者来说，特斯拉的直销模式简化了购买流程，降低了购买成本，同时提供了个性化的车辆配置服务，还使得销售过程更加透明和标准化。

特斯拉的案例充分展示了商业模式与税收优惠相结合，以及精细化管理税收成本的重要性。企业通过优化商业模式，降低了成本，提高了效率；同时，充分利用税收优惠政策，进一步降低了税负，增强了盈利能力。此外，特斯拉对税务成本的精细化管理，确保了税务合规，为企业稳健发展提供了有力保障。

➤ 商业模式设计与优惠政策利用，双轮驱动企业盈利增长

A 公司是一家汽车配件公司，经过多年的发展，需要拥有自己的厂房，受政策吸引，该公司在当地某工业区购买了一家拥有工业房产的 B 公司。之

后，A公司将多数设备和业务均转移到B公司厂房内进行生产。

但经过几年的发展，A公司、B公司双主体运营的弊端逐步出现：首先，品牌归属A公司，生产资质、环评手续、客户入库等经营必备条件也均在A公司，B公司未开展实际经营。其次，A、B公司的股东均为夫妻二人且股权比例相同，两家公司同时存在，增加了管理成本，造成经营资源的浪费，制约了企业产能提升和发展空间。

老板打算将两家公司主体进行合并，但要想将B公司的厂房转移到A公司名下，需要缴纳高额的税金。我通过研究发现，该企业自身情况完全符合《企业重组业务企业所得税特殊性处理》的要求，只要按照合并的重组方式进行操作，就不需要缴纳厂房转移的税金。

在我的建议下，A公司通过吸收合并的方式吸收了B公司，并顺利完成了厂房的过户手续。A公司接受B公司企业资产和负债，B公司的相关所得税事宜由A公司承继，且B公司的可弥补亏损和留抵税按政策也由A公司继承。最终，企业在未缴纳税金的情况下成功实现了企业重组（合并），为企业节约了约300万元税金，加上亏损弥补和留抵税的转移，累计为企业创造了400万元以上的经济效益，为企业的可持续发展夯实了基础。

在激烈的市场竞争中，企业要实现持续盈利增长，不仅要关注产品或服务的创新，还需在商业模式的设计和运营中融入税收因素的考虑。优秀的商业模式不仅能够精准地定位市场需求，还应能充分利用国家的税收优惠政策，将税负降至合理水平，进而释放更多的资金用于研发、市场拓展和品牌建设，从而增强企业的竞争力和盈利能力。

此外，税收政策是国家调控经济的重要手段，其变化往往会对企业的经营产生深远影响。因此，企业在设计商业模式时，必须时刻关注税收政策的动态，并根据政策的变化及时调整和优化商业模式。这要求企业不仅要具备敏锐的市场洞察力，还需具备深厚的税收法规知识和专业的税务管理能力，以确保在税收政策的调整中，能够迅速作出反应，合理规避风险，确保商业模式的长期有效性，从而为企业带来更加稳健和可持续的盈利增长。

➤ 通过精细化管理税收成本，降低税负，提升经济效益

在企业的日常运营中，精细化管理税收成本是降低企业税负、提高经济效益的关键所在。这要求企业从多个方面入手，全面优化税务管理。首先，企业应建立完善的税务管理体系，这是确保税务活动合规性的基石。通过明确税务管理的职责和流程，企业能够确保税务活动有序进行，避免由于管理漏洞而引发的税务风险。这不仅能够保护企业的合法权益，还能为企业营造良好的税务环境。

其次，企业需加强对税收政策的研究和分析。税收政策的不断变化为企业提供了更多的机遇和挑战。企业应密切关注国家税收政策的动态，及时了解和掌握最新的税收优惠政策。通过深入研究和分析，企业能够找到降低税负的有效途径，从而减轻税务负担，提高经济效益。同时，企业还需加强内部核算和审计，确保税务数据的准确性和完整性。通过建立健全内部控制机制，企业能够及时发现和纠正税务问题，避免因为税务问题给企业带来不必要的损失。这不仅有助于提升企业的财务管理水平，还能为企业的稳健发展提供有力的保障。

第四章
商业模式设计与符合法律规定

　　商业模式需要考虑到劳动法、知识产权法、环境保护法等一系列法律和法规的要求,以及可能涉及的其他具体的法律法规要求。因此,在商业模式的设计中,应当积极了解相关风险,并构建企业法律风险防护网,筑牢企业法律风险防线,加强法律咨询和合作,设计合法合规的商业模式等,以确保企业的经营合法合规。

企业商业模式设计对企业法律风险的影响

一家快餐连锁品牌 B 快餐为了迅速扩大市场份额,推出了特许加盟模式。在加盟招商过程中,B 快餐对加盟商的资质审核不够严格,导致一些不具备餐饮管理经验和资金实力的个人或企业成为加盟商。加盟商李先生看中了 B 快餐的品牌效应,决定投资加盟。在签订加盟合同时,B 快餐的招商人员口头承诺了一系列优惠政策,如低成本的原材料供应、广告支持等,但这些承诺并未在合同中明确体现。加盟后,李先生发现实际情况与 B 快餐的承诺相去甚远。首先,B 快餐的原材料供应价格远高于市场价格,且质量不稳定,导致李先生的餐厅频繁出现食品安全问题。其次,B 快餐对于广告支持的承诺也未能兑现,导致李先生的餐厅在市场推广上遭遇困难。随着问题的逐渐暴露,李先生的餐厅经营状况日益恶化,他开始寻求解除合同。然而,B 快餐在合同中设置了苛刻的解约条件和高额的违约金,使得李先生面临巨大的经济损失。此外,由于 B 快餐在特许加盟过程中的不合规行为,如虚假宣传、承诺不兑现等,引发了多起加盟商的法律诉讼。这不仅损害了 B 快餐的品牌形象,还影响了其市场竞争力。同时,B 快餐在资源配置上也出现了问题,由于需要应对多起法律纠纷,公司不得不将大量资源用于解决法律问题,而非用于提升品牌和服务质量。

B 快餐在特许加盟过程中出现的法律风险案例,凸显了企业在业务开展过程中需要高度关注企业合规性和法律风险的重要性。企业在追求市场扩张的同时,不能忽视对加盟商资质的严格审核和合同条款的明确规范。企业在开展特许加盟业务时,应严格遵守相关法律法规和行业规范,以确保加盟商的合法权益得到充分保障。一旦企业因不合规行为被起诉或受到处罚,不仅会影响企业的品牌形象和市场地位,还可能导致企业面临巨大的经济损失。

存在法律风险还会影响企业的资源配置。企业将大量资源用于解决法律纠纷，而非用于提升品牌和服务质量，这将对企业的长期发展产生不利影响。因此，企业在开展特许加盟业务时，应充分认识到法律风险的存在，加强合规管理，确保企业的稳健发展。同时，政府监管部门也应加强对特许加盟行业的监管力度，规范市场秩序，保护消费者权益。

企业法律风险通俗的解释，其实就是企业在做生意时，因为国家的法律、规定或者跟其他公司、个人签订的合同等，可能会遇到的麻烦或损失。商业模式设计作为企业战略的重要组成部分，对企业法律风险的防范与化解具有至关重要的作用。它不仅能降低业务法律风险，提高企业合规性，还能增强企业竞争力，优化资源配置。通过明确业务目标和战略方向，商业模式设计能确保企业在法律框架内稳健发展，减少法律纠纷，实现业务突破和盈利增长。

▶ 降低企业业务法律风险

降低企业业务法律风险确实是企业运营中不可忽视的一环。商业模式设计作为规避法律风险的重要工具，对于企业的稳健发展具有重要意义。首先，商业模式设计能够帮助企业深入理解法律法规的框架和要求。通过详细研究和分析，企业可以明确哪些行为是法律所允许的，哪些行为可能触发法律风险。这种深入的理解有助于企业在规划业务流程时，确保每一项业务活动都符合法律法规的要求，从而降低因违规操作而引发的法律纠纷的风险。

一个精心规划的商业模式有助于企业明确业务目标和战略方向。在商业模式设计过程中，企业会充分考虑市场需求、竞争环境、自身资源等因素，确定自己的定位和发展方向。这种明确的业务目标和战略方向能够指导企业在日常运营中保持正确的方向，避免因盲目决策或偏离目标而陷入法律风险。

一个成熟的商业模式还能够在法律法规的约束下，充分发挥企业的优势。在商业模式设计中，企业会结合自己的核心竞争力、市场定位等因素，确定自己的业务模式和盈利方式。这种业务模式的设计能够使企业在法律法规的框架内，充分发挥自身的优势，实现业务目标。同时，通过不断优化和完善商业模式，企业还能够不断提升自身的竞争力，以应对日益激烈的市场竞争。

商业模式设计还能够为企业提供一种灵活应对法律环境变化的能力。随着法律法规的不断更新和完善，企业面临的法律环境也在不断变化。一个灵活的商业模式设计能够使企业迅速适应法律环境的变化，调整自己的业务策略和运营方式，从而避免因法律环境变化而引发的法律风险。

▶ 提高企业业务合规性

提高企业业务合规性是企业长期发展的基石，而商业模式设计正是实现这一目标的关键环节。商业模式设计要求企业在法律法规允许的范围内开展业务，这一原则不仅体现了企业对法律的尊重，更是企业实现可持续发展和赢得市场信任的重要保障。

在设计商业模式时，企业需要关注多个方面的法律法规，以确保其业务活动的合规性。税收法规是企业必须严格遵守的重要法律之一。企业需要确保税务申报、纳税义务等方面符合税法规定，避免因税务问题引发的法律风险和财务损失。

知识产权法对于创新型企业尤为重要。企业在商业模式设计中需要充分考虑知识产权的保护，确保在技术研发、产品推广等过程中不侵犯他人的知识产权，同时也要积极申请和保护自身的知识产权，以维护企业的核心竞争力。

市场竞争法也是企业不容忽视的法律领域。在商业模式设计中，企业需要关注反不正当竞争法、反垄断法等相关法规，确保在市场竞争中遵守公平、透明、诚信的原则，避免因不正当竞争行为而引发的法律纠纷和声誉损失。

随着数字化时代的到来，数据安全法也逐渐成为企业关注的焦点。企业在设计商业模式时,需要充分考虑数据的收集、存储、传输和使用等环节是否符合相关法律法规的要求,以确保企业业务活动的合规性和数据的安全性。

➤ 增强企业竞争力

增强企业竞争力是企业持续发展和壮大的关键所在。商业模式设计作为企业战略规划的核心组成部分,对于提升市场竞争力具有至关重要的作用。一个精心设计的商业模式能够帮助企业创新业务模式,提高市场适应性和竞争力,从而在激烈的市场竞争中脱颖而出。

在设计商业模式时,企业应充分考虑市场需求、行业特点、竞争对手等因素。深入了解市场需求是企业商业模式设计的基础。企业需要关注消费者的需求变化,把握市场趋势,以便在商业模式中融入符合消费者期望的元素,从而吸引更多的消费者。

行业特点也是商业模式设计不可忽视的因素。不同行业具有不同的特点,如市场规模、竞争格局、技术发展等。企业需要根据自身所在行业的特点,制定符合行业发展趋势的商业模式,以便在行业中取得竞争优势。

竞争对手的动向也是商业模式设计需要关注的重点。企业需要密切关注竞争对手的战略布局、产品特点、营销策略等,以便在商业模式设计中找到差异化竞争的切入点,实现业务突破。

在商业模式设计中,企业应发挥自身的核心竞争力。核心竞争力是企业独特的竞争优势,如技术创新能力、品牌影响力、渠道优势等。企业需要在商业模式中充分展现自身的核心竞争力,以便在市场中形成独特的竞争优势。

通过创新业务模式,企业能够吸引更多的消费者,提高市场占有率。一个创新的商业模式往往能够打破传统市场的格局,为消费者带来全新的体验和价值。这种创新能够吸引消费者的眼球,激发他们的购买欲望,从而提高企业的销售额和市场份额。

▶ 优化企业资源配置

优化企业资源配置是企业实现高效运营和持续发展的关键。商业模式设计在这个过程中扮演着至关重要的角色，因为它有助于企业识别、整合和最大化利用内部资源，从而提高资源利用效率，降低成本，增强盈利能力。

商业模式设计能够帮助企业识别关键资源。这些资源可能包括技术、人才、资金、品牌、渠道等。通过深入了解和分析企业的资源状况，企业可以明确自身的优势和劣势，为后续的资源配置提供基础。

商业模式设计有助于企业实现资源的有效整合。在明确关键资源后，企业可以通过设计合理的商业模式，将这些资源有效地组合在一起，形成独特的竞争优势。例如，企业可以通过技术创新和人才培养，提升产品和服务的质量；通过资金运作和品牌建设，提高市场知名度和美誉度；通过渠道拓展和客户关系管理，增强市场渗透力和客户忠诚度。

商业模式设计还能够降低企业成本。通过优化业务流程、提高生产效率、降低库存和物流成本等方式，企业可以降低运营成本，提高盈利能力。同时，合理的商业模式设计还可以帮助企业避免不必要的浪费和损失，进一步提高资源利用效率。

强化法律意识，构建企业法律风险防护网

近年来，某科技公司因忽视法律风险管理而陷入困境。该公司为迅速扩大市场份额，在签订多份商业合同时未充分审核条款，导致在合同履行过程中产生纠纷。同时，公司一款核心产品因涉嫌侵犯他人知识产权，被对方提起侵权诉讼。加之税务申报存在疏漏，公司还面临税务部门的处罚。这些法律风险事件给公司带来了巨大的经济损失和声誉损害。

该科技公司面临的法律风险事件充分证明了在复杂多变的市场环境中，企业加强法律风险管理的重要性。事实上，从合同纠纷到知识产权侵权，再

到税务问题，任何一项法律风险都可能给企业带来不可估量的损失。因此，企业在商业模式设计过程中应融入加强法律培训、建立健全法律顾问制度、完善内部管理制度和加强合同管理等措施，提高全员法律意识，降低法律风险，为企业的发展提供坚实的法律保障。

➤ 强化法律意识的重要性

以下是一家由甲乙两人合作开办的建材公司，注册资本为600万元，甲持有公司51%的股份，乙持有公司49%的股份。然而，基于对朋友乙的信任，甲没有与乙签订发起协议，而乙也并未履行出资义务。

公司成立不久后，甲发现乙擅自利用公司资质承接外部业务，造成了不好的影响，严重损害了公司的利益，决定让乙退出公司。经过多次协商，乙同意退出却提出诸多无理要求，由于并未订立协议，甲也不知道如何处理，无奈答应回购乙股权。

甲找到我，说他的同学丙想要加入公司，打算以200万元人民币的价格购买乙的股份，分两期支付，想让甲作为中间人帮忙转交资金给乙。问我该怎么做？

我提醒他一定要注意股权转让协议，他觉得有道理。但没过多长时间，甲就收到了法院传票。代理律师努力为公司争取免责，但由于甲亲自签署了具有法律效力的股权转让协议，使得他不仅要自掏腰包去填补本应由丙承担的股权转让费用，还对公司信誉和资金流造成了负面影响。

事后我才了解到，甲根本就没听我的，反而是乙主动起草了股权转让协议让甲签名，考虑到自己与乙的关系，再加上急于让乙退出公司，甲就没有细看乙起草的股权转让协议，仓促签了字，之后就将这件事情忘了。第一期乙收到了100万元，但没有收到剩余的100万元，乙便根据股权转让协议将此事起诉到法院。经过律师咨询，甲才想起来自己曾与乙签订过股权转让协议。

该案例如同一面镜子，映照出企业家在创业及日常经营中普遍存在的法律意识缺失问题，同时提醒所有企业家必须时刻保持清醒的法律意识，即使是最亲密的合作伙伴,也需要用明确的合同条款来界定双方的权利与义务。

强化法律意识对于企业的长远发展至关重要。它不仅有助于降低因违法违规而引发的法律风险,还能提升企业的社会形象和品牌价值,增强合作伙伴和消费者的信任。同时,法律意识的强化能够确保企业在法律框架内稳健经营,避免不必要的法律纠纷,为企业的持续稳定发展提供坚实的保障。

通过提高员工的法律意识,企业可以确保员工在业务操作中遵守法律法规,从而降低因违法违规而引发的法律风险。一个守法合规的企业更容易获得消费者、合作伙伴和政府的信任,从而提升企业的社会形象和品牌价值。在法律的框架下经营,企业可以更加稳健地推进业务发展,避免不必要的法律纠纷,为企业的长期发展奠定坚实的基础。

▶ 构建企业法律风险防护网的策略

构建企业法律风险防护网需强化法律培训,建立法律顾问制度,完善内部管理,并加强合同管理。这些策略旨在提升员工法律素养,确保业务合法性,调整经营策略以适应法律变化,规范员工操作,并防范合同风险,共同构筑坚实的法律风险防线。

为构建企业法律风险的坚实防护网,需采取多维策略。首先,加强法律培训,定期为员工提供最新法律法规和行业动态的教育,培养具备高度法律素养的员工队伍。其次,建立健全法律顾问制度,组建专业团队,负责企业业务的法律审查与咨询,确保经营活动的合规性。再次,完善内部管理制度,明确各部门职责与权限,规范员工操作,减少法律风险。最后,强化合同管理,确保合同内容合法、合规、有效,避免潜在的法律纠纷。这些策略共同构成了企业法律风险的全面防护体系。

完善内部管理，筑牢企业法律风险防线

随着公司法的修订和法律环境的变化，企业应更加重视面临的法律风险。某科技公司在进行股权融资和并购合作时，由于未能及时调整其内部控制和股权布局策略，导致了重大的法律风险。由于缺乏对新法律环境的适应和内部管理的优化，该公司在执行股权激励计划时遭遇了法律挑战，特别是在股权转让和利益分配上出现了争议。此外，公司在并购过程中，由于未能充分评估目标公司的法律风险，也引发了一系列的法律问题，包括但不限于合同违约、知识产权侵权等。

这一事件凸显了企业在面对法律环境变化时，必须加强内部管理和法律风险防控的重要性。企业需要根据最新的法律法规，及时调整其内部控制体系和业务操作流程，以确保合规经营并有效防范法律风险。同时，这也提醒所有企业，无论规模大小，都应当重视法律风险管理，将其作为企业战略的一部分来系统地规划和实施。

➤ 基于商业模式设计的内部管理制度完善

建立健全内部管理制度，确保业务流程的合规性，是企业构建法律风险防控新体系的关键一环。因此，商业模式设计需充分考虑法律法规的要求。在规划业务流程、制定经营策略时，企业应对相关法律法规进行深入研究，确保商业模式的合法性和合规性。通过商业模式设计，企业可以从源头上预防法律风险，为企业的稳健发展奠定坚实的基础。

商业模式设计不仅要充分考虑法律法规的要求，也要注重内部管理制度的完善，因为这是商业模式设计的重要支撑。企业应建立健全内部管理制度，明确各部门的职责和权限，规范员工的业务操作。同时，加强内部监督，确保企业业务在法律法规的轨道上运行。内部管理制度的完善有助于企业及时发现和纠正潜在的法律风险，保障企业的合法权益。

此外，商业模式设计与内部管理制度的紧密结合，有助于企业形成一套完善的法律风险防范体系。企业应注重在商业模式设计中融入法律风险防控的理念和方法，通过优化业务流程、完善合同条款等方式，降低法律风险的发生概率。同时，加强内部管理制度的培训和执行力度，提高员工的法律意识和风险意识，确保企业的稳健发展。

▶ 商业模式设计与精细化管理的结合

以下是一家企业，面临着生产成本增加、利润降低和价格不断被打压的严峻挑战。生产成本方面，原材料价格持续上涨，能源成本不断攀升。同时，人力成本的增加还增添了企业的负担。在市场竞争中，同行业企业不断涌现，产品价格受到严重打压，利润空间大幅压缩。

面对这些问题，采用传统的生产管理模式，企业已难以维持生存与发展。为了应对挑战，企业老板便找到我。我建议他们将商业模式与精细化管理结合起来。之后，该企业开启了生产管理精细化之路。

（1）流程优化。对生产流程进行全面梳理和优化，去除冗余环节，提高生产效率。例如，在产品组装环节，重新设计工艺流程，减少了不必要的操作步骤，缩短了生产周期。

（2）质量管控。建立严格的质量检测体系，从原材料采购到成品出厂，进行全方位的质量监控，不仅提高了产品质量，减少了因质量问题导致的返工和损失，还提升了企业的品牌形象和市场竞争力。

（3）库存管理。精确控制库存水平，避免库存积压和缺货现象。该企业引入了先进的库存管理系统，实时监控库存动态，根据市场需求和生产计划合理安排库存，降低了库存成本。

（4）员工培训。加强员工培训，提高员工的工作效率和质量意识。组织员工参加专业培训课程和技能竞赛，激发员工的工作积极性和创造力。

通过实施精细化生产管理，企业生产成本得到有效控制，生产效率大幅提高，产品质量稳步提升。在市场价格竞争中，企业凭借高质量的产品和高效的生产管理，保持了一定的利润空间。同时，企业的市场份额也逐步扩大，为未来的持续发展奠定了坚实的基础。

商业模式设计是企业发展的核心驱动力，它决定了企业的市场定位、盈利模式和竞争优势。然而，在设计商业模式时，企业不能忽视法律风险的考虑。一个成功的商业模式，应当能够在保障企业合法合规运营的基础上，实现商业价值的最大化。为了实现这一目标，企业需要开展精细化管理，对各个业务环节进行深入的剖析和把控。精细化管理要求企业以更加细致、精准的方式管理业务流程，确保每个环节都符合法律法规的要求。通过精细化管理，企业可以及时发现并纠正业务流程中的潜在法律风险，避免违规操作带来的法律后果。

在精细化管理的实施过程中，企业应当加强对法律风险的识别、评估和控制。首先，企业需要建立一套完善的法律风险识别机制，通过对业务流程的深入分析，识别出可能存在的法律风险点。其次，企业需要对这些风险点进行评估，确定其可能带来的法律后果和影响程度。最后，企业需要制定针对性的控制措施，通过加强内部监督、完善合同条款等方式，降低法律风险的发生概率和影响程度。

通过商业模式设计与精细化管理的结合，企业可以形成一套完善的法律风险防范体系。这个体系不仅能够保障企业的合法合规运营，还能够提高企业的运营效率和市场竞争力。在这个体系中，商业模式设计为企业提供了发展方向和策略支持，而精细化管理则确保了企业运营的规范性和安全性。两者相辅相成，共同构成了企业法律风险防控的闭环体系。

▶ 商业模式设计下的内部管理制度优化

完善内部管理制度不仅是企业管理的基本需求，更是确保商业模式设计与企业战略、合规要求相匹配的重要保障。通过完善内部管理制度，企业可以确保商业模式设计与企业战略、合规要求相匹配，从而在激烈的市场竞争中立于不败之地。

内部管理制度的完善是确保商业模式设计与企业战略、合规要求相匹配的关键。首先，内部管理制度应与企业战略保持一致。企业战略是企业长期发展的指导方针，内部管理制度应围绕企业战略展开，确保企业各项经营活动都符合战略要求。其次，内部管理制度应满足合规要求。合规是企业运营的基本要求，内部管理制度应确保企业在遵守法律法规的前提下开展业务活动，避免因违规操作而带来的法律风险。

在完善内部管理制度的过程中，企业应注重以下几个方面的完善：一是建立健全组织架构和职责分工，明确各部门的职责和权限，确保各部门之间的协同配合；二是制定详细的业务流程和操作规范，确保员工在业务操作中遵循统一的标准和流程；三是加强内部监督和审计，确保企业各项经营活动都符合法律法规和企业规定；四是建立完善的绩效考核和激励机制，激发员工的积极性和创造力。

加强法律咨询和合作，助力企业法律风险规避

某科技公司在进行股权融资时，由于未能充分利用公司法提供的保护措施，导致其控制权被其他股东侵蚀。在此过程中，该公司未能有效预见并防范股权结构变化带来的法律风险，最终影响了公司的正常运营和发展战略。

这一案例凸显了加强法律咨询和合作的重要性。首先，企业需要通过专业的法律顾问，对公司法进行深入解读和应用，确保在股权布局、投融资等关键环节中能够合理规避法律风险。其次，企业应当与法律顾问建立长期合作关系，通过定期的法律培训和咨询服务，提升企业内部对法律风险的识别和应对能力。由此可见，通过加强法律咨询和合作，企业不仅可以有效规避法律风险，还能在竞争激烈的市场环境中保持持续稳定的发展。

❯ 商业模式设计与法务深度合作

作为行业内的佼佼者，A 公司一直致力于为市场提供高品质的产品和服务，但随着业务的不断拓展，公司对法律支持的需求也日益增长。我建议他们跟法务进行合作。

B 律师事务所在业内享有良好的口碑，拥有一支经验丰富的律师团队，由 20 年执业经验的主任律师带队，团队成员在民商事法律事务、刑事诉讼辩护、企业法律纠纷等领域积累了丰富的经验，以专业的法律素养、丰富的实践经验以及卓越的服务品质赢得了广泛赞誉。

基于专业、信赖与共赢的考量，A 公司选择与 B 律师事务所合作。根据合作协议，B 律师事务所会为 A 公司提供全方位的法律顾问服务，包括但不限于法律咨询、合同审查、法律培训、诉讼代理等；双方将建立定期沟通机制，确保在法律问题上的及时响应与有效解决。同时，B 律师事务所还会根据 A 公司的实际需求，量身定制法律解决方案，助力企业实现合法合规经营与可持续发展。

B 律师事务所以饱满的热情和专业的态度，为 A 公司提供最优质的法律服务，法律风险防范能力得到显著提升，为企业的长远发展奠定坚实的基础。双方优势互补、携手并进，实现了共赢。

随着市场竞争的加剧和法规政策的不断变化，企业面临的法律风险也在不断增加。这就要求企业在商业模式设计之初，就要考虑其合规性和法律风险防控能力。为了实现这一目标，企业应与专业法律机构建立紧密的合作关系。这些法律机构不仅具备深厚的法律知识和丰富的实践经验，还能够根据企业的具体情况，提供定制化的法律服务和支持。通过定期对企业商业模式进行法律评估，法律机构可以及时发现潜在的法律风险，并提供相应的解决方案。不仅能够确保企业商业模式的合规性，还能够避免企业因法律纠纷而带来的不必要损失。

此外，在遇到具体的法律问题时，企业也应及时寻求专业法律机构的帮助。这些法律机构可以为企业提供专业的法律意见和建议，帮助企业更好地应对各种法律风险。通过与专业法律机构的紧密合作，企业可以更加自信地面对市场竞争和法规变化，确保自身的稳健发展。

▶ 商业模式设计与法律智囊团长期合作

企业可与专业律师事务所或法律顾问团队建立长期合作关系，这样不仅能够为企业提供及时的法律咨询，还能确保企业在商业模式设计过程中得到专业的法律支持。这些法律专家团队具备深厚的法律知识和丰富的实践经验，能够为企业提供定制化的法律服务，确保企业的商业模式设计符合法律法规的要求。

通过与专业法律机构的合作，企业可以在商业模式设计的初期阶段就充分考虑法律风险，确保商业模式的合规性。法律专家团队可以对企业提出的商业模式方案进行法律评估，指出可能存在的法律风险，并提供相应的法律建议。这有助于企业在创新过程中避免触碰法律红线，降低法律风险。此外，专业法律机构还能在商业模式设计过程中为企业提供法律培训，提高员工的法律意识。通过培训，员工可以更加深入地了解相关法律法规，明确自身在商业模式设计中的法律责任和义务，从而更加自觉地遵守法律法规，降低企业的法律风险。

融合法律、道德与社会责任，设计合法合规的商业模式

雀巢大中华区的业绩令人瞩目，公司仅在 2023 年的净销售额就超过 400 亿元。这一斐然成就背后，法律合规扮演着举足轻重的角色。事实上，雀巢一直坚守法治精神，严格遵守食品安全法、消费者权益保护法等法律法规，确保每一款产品都符合高标准的质量和安全要求。同时，雀巢深知知识产权对于创新的重要性，通过专利申请、商标注册等手段，保护其独特的创新成

果,避免被不法行为侵害。在拓展市场与合作伙伴携手共进的过程中,雀巢也强调市场竞争的公平性和规范性,与各方共同维护市场秩序,实现共赢发展。这种对法律合规的坚守,不仅为雀巢赢得了市场的信任和认可,也为其带来了持续增长的动力。特别是在咖啡生产领域,雀巢在云南拥有5万吨的咖啡生豆产能,并持续推动产品创新,如液体咖啡等。在这些产品的生产过程中,雀巢始终坚守法律底线,严格遵守产品质量法和食品安全法等法律法规,确保每一杯咖啡都安全、可靠、美味。这是对消费者的承诺,也是对品牌的坚守。此外,雀巢在食品饮料领域的创新能力也不容小觑,如新一代亲体奶、全脂配方奶粉等产品,都是其创新实力的体现。然而,创新并非易事,需要企业在技术研发、市场调研等方面投入大量资源。因此,雀巢高度重视知识产权保护,通过专利申请、商标注册等手段,保护其创新成果不被他人侵害,为企业的创新和发展提供了坚实的保障。

从雀巢大中华区所取得的辉煌业绩中,我们可以深刻感受到构建合法合规的商业模式对企业持续发展的重要性。雀巢的成功并非偶然,而是源于其在商业模式设计过程中对法律法规的严格遵守。无论是食品安全法、消费者权益保护法,还是其他相关法规,雀巢都始终坚持依法经营,确保每一项商业活动都符合法律要求。这种对法律的敬畏和遵守,为雀巢赢得了消费者的信任和市场的认可。同时,雀巢还秉持道德准则,维护商业伦理,坚持诚信经营。在追求经济效益的同时,不忘企业的社会责任,关注环境保护、公益慈善和员工福利。这些举措不仅提升了企业的品牌形象,也为企业的可持续发展奠定了坚实的基础。特别是在知识产权保护方面,雀巢通过专利申请、商标注册等手段,保护自身的创新成果,防止侵权行为。这不仅是对企业创新能力的肯定,也是对市场秩序的维护。只有在一个公平、公正的市场环境中,企业才能安心创新与发展。

雀巢的案例为我们提供了宝贵的启示和借鉴。构建合法合规的商业模式是企业持续发展的基石。在商业模式设计过程中,企业需要严格遵循法律法规,确保商业活动的合法化;同时,还要秉持道德准则,维护商业伦理,诚信经营;并积极履行社会责任,关注环境保护、公益慈善和员工福利。只有这样,企业才能赢得社会的认可与支持,实现真正的可持续发展。

▶ 商业模式设计要全面遵循法律法规

确保企业合法合规经营,关键在于全面遵循法律法规,包括完成注册登记、保护知识产权、税务合规及劳动法合规,确保企业稳定运营并降低法律风险。因此,企业在启动商业模式之前,必须按照国家的要求完成注册登记,明确企业的性质、经营范围等关键信息,并依法办理相关的证照,确保企业的合法身份和运营资格。如果企业的商业模式涉及产品创新和技术发明,那么保护知识产权就显得尤为重要。企业应积极申请商标和专利权,保护自身的创新成果,防止他人侵权,确保企业的核心竞争力。

税务合规是企业不可忽视的一环。企业应确保准确申报税务信息,按时缴纳各项税费,并严格遵守相关的税务规定,避免因税务问题而引发的法律风险,维护企业的良好声誉。另外,企业在人力资源管理方面也必须遵守劳动法律法规。在招聘、劳动合同签订、工资支付等各个环节,都应遵循国家的劳动法规定,保护劳动者的权益,维护和谐的劳动关系,为企业营造一个稳定的发展环境。

▶ 商业模式设计要牢固坚守道德准则

在建立合法合规的商业模式时,道德准则的考虑同样至关重要。除了法律框架的约束外,企业应坚守诚信经营的核心理念,确保商业伦理的纯洁性。

企业应坚守诚信守约的原则,对待每一份合同都应严肃认真,恪守承诺,以此保障商业活动的诚信性和透明度,逐步塑造企业的良好信誉。在市场竞争中,企业应秉持公平竞争的准则,尊重市场规则,避免任何形式的不正当竞争行为,以维护市场秩序和公平竞争的环境。产品质量与安全是企业道德准则的重要体现。企业应严格把控产品质量,确保每一件产品都符合安全标准，从而保护消费者的合法权益，树立企业的良好形象。

➤ 商业模式设计要积极承担社会责任

在构建合法合规的商业模式时，企业必须认识到承担社会责任的重要性，并将其融入企业运营的各个环节。企业应关注环境、社会和员工等多方面的利益，以确保企业在追求经济效益的同时，也积极履行社会责任。

环境保护是企业社会责任的核心内容之一。企业应积极采取各种措施，减少污染排放，降低资源消耗，推动可持续发展。这不仅有助于保护我们共同的地球家园，也是企业实现长期发展的必要条件。企业应积极参与社会公益慈善事业。通过捐款、志愿活动等方式，企业可以回馈社会，帮助那些需要帮助的人。这不仅有助于提升企业的社会形象，也能增强员工的凝聚力和归属感。员工福利是企业社会责任的重要组成部分。企业应关注员工的权益和福祉，提供舒适的工作环境，为员工提供培训和发展机会。这样不仅能提高员工的工作满意度和忠诚度，也能增强企业的凝聚力和竞争力。

第五章
商业模式设计与降低股权风险

公司股权指的是公司所有者所持有的股份份额,而公司商业模式描述了公司如何运营以实现盈利的方式和方法。企业应充分认识它们之间的协同作用,紧密结合自身发展战略,进行有针对性的设计和优化。只有这样,企业才能在激烈的市场竞争中立于不败之地,实现基业长青。

企业商业模式设计与股权架构设计的协同作用

在当今的商业环境中，公司股权架构和商业模式被视为企业成功的两大支柱。股权架构不仅决定了公司的所有权和控制权，还影响着公司的战略方向和利润分配。而商业模式则是企业实现盈利的蓝图，它涵盖了价值创造、客户定位、盈利模式等多个关键要素。在这方面，途虎养车作为一家快速发展的汽车服务平台，其独特的商业模式和精妙的股权架构为我们提供了深入理解这两大概念协同作用的案例。

途虎养车采用了线上到线下（O2O）的商业模式，这一模式通过线上平台吸引用户下单，线下门店提供服务和产品。加盟店以轻资产模式迅速拓展，合作店则延伸了服务范围，构建了覆盖广泛的门店网络。用户可以通过手机轻松下单，并在最近的门店享受服务，形成了高效、便捷的服务闭环。这种模式的成功之处在于，它充分利用了线上线下的资源，为用户提供了优质、便捷的服务体验。与此同时，途虎养车也精心设计了其股权架构。公司采用了红筹架构，即在境外设立离岸公司，然后将境内公司的资产注入或转移至境外公司，以实现海外上市融资的目的。这一架构不仅有助于公司拓宽融资渠道，也为其未来的发展奠定了坚实的基础。更为重要的是，途虎养车对那些经营效益显著的加盟店和合作店店主实施了股权激励计划，让优秀的外部合伙人能够持有上市公司的股份，共同分享企业发展的成果。

从途虎养车的案例中，我们可以看到公司股权架构和商业模式之间的密切协同。一方面，合理的股权架构为公司提供了稳定的资金支持和灵活的战略调整空间，使其能够不断适应市场变化，实现持续健康发展；另一方面，独特的商业模式为公司创造了巨大的商业价值，受到大量用户的青睐，也为企业带来了可观的收益。股权架构和商业模式之间的相互促进和协同作用，使途虎养车在汽车售后市场服务领域取得了显著的成功。

这一案例告诉我们,企业要想在激烈的市场竞争中立于不败之地,必须重视公司股权架构和商业模式的设计。合理的股权架构可以确保公司的稳定性和持续发展能力,而独特的商业模式则可以为企业创造更多的商业价值和竞争优势。只有将这两者有机结合,才能形成相互促进、共享资源和风险分散的内在协同优势,打造企业独特的核心竞争力,实现企业的长期稳定发展。

➤ 双向内力驱动,促进企业发展

在企业的成长历程中,商业模式设计与企业股权架构设计如同两大坚固的基石,共同支撑着企业的稳定与发展。这两者之间的内在联系不仅是简单的支撑关系,更是一种相互促进、相辅相成的动态平衡。

商业模式设计,作为企业发展的战略规划,它决定了企业如何创造价值、传递价值和获取价值。一个清晰、合理的商业模式能够为企业的未来发展提供明确的方向,指明企业应该如何配置资源、如何定位市场、如何满足客户需求。这种方向性的指引,对于企业的股权架构设计具有至关重要的影响。因为股权架构的设计必须建立在企业发展战略的基础之上,确保股权架构能够支持商业模式的实施,同时保障各方股东的利益。

而企业股权架构设计作为企业内部治理的核心,其合理与否直接关系到企业的稳定性和发展潜力。一个科学的股权架构能够为企业的商业模式实施提供坚实的保障。通过合理的股权分配和股东权益设置,可以确保企业的决策层能够高效、快速地做出符合商业模式发展方向的决策,同时也能够激励员工和股东为企业的发展贡献自己的力量。此外,一个健康的股权架构还能够有效地分散风险,保障企业的稳健运营。

由此可见,商业模式设计与企业股权架构设计之间存在着相互促进的关系。具体来说,商业模式设计为股权架构设计提供方向,确保股权架构能够支持商业模式的实施;而股权架构设计则为商业模式的实施提供保障,确保企业能够在稳定的内部环境下快速发展。这种双向驱动的关系，正是推动企业发展的内在动力。

▶ 通过资源整合，共筑竞争力之基

商业模式设计和企业股权架构设计不仅相互促进企业发展，还通过资源共享的方式共同提升企业竞争力。其中，良好的股权架构设计在资源整合方面发挥着至关重要的作用。

一个科学、合理的股权架构能够吸引和留住优秀人才。股权作为激励员工的重要手段之一，其设计能够直接影响到员工的归属感和工作动力。当员工感受到自己与企业的发展紧密相连，他们更有可能将个人才能和热情投入工作中，为企业创造更大的价值。

合理的股权架构有助于企业吸引外部投资。一个健康的股权架构能够给投资者传递出企业稳定、有序、前景广阔的信息，从而吸引更多的资本进入企业。这些外部资本不仅能够为企业提供资金支持，还可能带来先进的管理经验、市场渠道等资源，进一步推动企业的发展。

更重要的是，良好的股权架构能够实现企业内部资源的优化配置。在股权架构的指引下，企业可以更加清晰地认识到自身在市场中的定位和发展方向，从而有针对性地整合内外部资源。这种整合不仅包括物质资源的整合，如设备、技术、原材料等，还包括非物质资源的整合，如品牌、文化、客户关系等。通过资源的有效整合，企业能够更好地满足市场需求，提高市场竞争力。

▶ 风险分散，保障企业稳定发展

商业模式设计和企业股权架构设计是推动企业不断前进的动力源泉，能够保障企业稳健发展。在这之中，合理的股权架构设计在风险分散方面发挥着至关重要的作用，有助于企业有效应对各种潜在风险，保障企业的稳定发展。

股权架构是企业内部治理结构的核心，决定了企业的所有权、控制权以及利益分配机制。一个合理的股权架构能够确保企业内部的权力平衡和利益协调，从而为企业的发展提供稳定的内部环境。在这种环境下，企业能够更加专注于市场开发和业务拓展，实现商业模式的持续创新和优化。同时，合理的股权架构还有助于分散企业风险。在企业经营过程中，不可避免地会遇到各种风险和挑战，如市场风险、技术风险、运营风险等。一个健康的股权架构可以通过分散股东的风险承受能力来降低单一股东面临的风险压力，确保企业在遭遇风险时能够有足够的资源和能力来应对。

具体来说，合理的股权架构可以通过以下几个方面来实现风险分散：一是股东多元化。通过引入不同背景、不同领域的股东，实现股东结构的多元化。这样可以降低单一股东对企业决策的影响力，增强企业决策的科学性和客观性。同时，多元化股东之间还可以形成相互制约和相互监督的关系，有助于防止企业内部权力滥用和腐败现象的发生。二是股权制衡。在股权架构设计中，应充分考虑股东之间的权益平衡和权力制衡。通过合理安排股东的持股比例和投票权比例，确保企业在面临重大决策时能够形成合理的权力结构和决策机制。这样不仅可以防止某一股东对企业形成过度控制，还可以避免权力斗争对企业发展造成的负面影响。三是风险分散机制。在股权架构设计中，可以设立一些特殊的风险分散机制，如员工持股计划、优先股制度等。这些机制可以将企业的风险分散到更广泛的股东群体中，减轻单一股东的风险压力。同时，这些机制还可以激发员工的积极性和创造力，提高企业的整体竞争力。

尽职调查是商业模式成功与投资决策的关键驱动力

商业模式设计过程中的尽职调查是一项至关重要的前置工作。通过详尽的尽职调查，不仅能够为商业模式的设计提供有力的数据支持，还能够有效地降低股权风险。在这方面，特斯拉在推出其电动汽车商业模式之前，就曾进行了深入且全面的尽职调查。

特斯拉首先对全球汽车市场进行了细致的研究，包括对传统燃油汽车市场的分析，以及对新能源汽车市场发展趋势的预测。通过这项研究，特斯拉洞察到了汽车行业正在经历从燃油向新能源转型的重大变革。特斯拉还对新能源技术的发展趋势进行了深入研究，包括对电池技术、电机技术、充电技术等关键技术的关注，以及对这些技术未来发展方向的预测。这种对技术趋势的把握，使得特斯拉能够在产品研发上保持领先地位。在消费者偏好方面，特斯拉通过市场调研和数据分析，深入了解了消费者对电动汽车的潜在需求。例如，消费者对于电动汽车的续航里程、充电便利性、车辆性能等方面都有很高的期待。特斯拉针对这些需求，不断进行技术创新和产品优化，以满足消费者的期望。

基于这些调查数据，特斯拉设计出了其独特的商业模式：直营销售模式，使得特斯拉能够直接面对消费者，减少中间环节，提高销售效率；软件升级盈利模式，通过不断推出新的软件功能和服务，增加车辆的附加值，提高客户满意度；充电网络生态构建，特斯拉在全球范围内建设了大量的超级充电站，为车主提供了便捷的充电服务，增强了品牌的吸引力和竞争力。这些商业模式的创新，为特斯拉的快速发展奠定了坚实的基础。

▶ 尽职调查在商业模式设计中的作用

尽职调查在特斯拉商业模式设计中的作用是至关重要的，它贯穿了整个商业模式设计过程及方方面面，诸如市场趋势洞察与方向明确、技术趋势把握与产品创新、消费者需求了解与商业模式设计等，为特斯拉的成功奠定了坚实的基础。

特斯拉通过深入且全面的尽职调查，对全球汽车市场进行了细致的研究。这种研究不仅限于对当前市场的分析，更着眼于未来的发展趋势。特斯拉洞察到了汽车行业正在经历从燃油向新能源转型的重大变革，这种对市场趋势的敏锐洞察为特斯拉的商业模式设计提供了宏观的视野和明确的方向。特斯拉的商业模式设计紧密围绕新能源汽车市场的未来发展，确保了公司的战略方向与市场趋势保持一致。

特斯拉对新能源技术的发展趋势进行了深入研究，特别是对电池技术、电机技术、充电技术等关键技术的关注。这种对技术趋势的把握使特斯拉在产品研发上能够保持领先地位。特斯拉通过技术创新，不断推出具有竞争力的产品，满足市场需求。例如，特斯拉在电池技术上的突破，使得其电动汽车的续航里程得到了显著提升，满足了消费者对电动汽车续航里程的高期待。

特斯拉通过市场调研和数据分析，深入了解了消费者对电动汽车的潜在需求。特斯拉发现，消费者对于电动汽车的续航里程、充电便利性、车辆性能等方面都有很高的期待。针对这些需求，特斯拉不断进行技术创新和产品优化，以满足消费者的期望。同时，特斯拉还设计了独特的商业模式，如直营销售模式、软件升级盈利模式以及充电网络生态构建等。这些商业模式的创新不仅提升了特斯拉的市场竞争力，也为公司的长期发展奠定了坚实的基础。

在直营销售模式下，特斯拉能够直接面对消费者，减少中间环节，提高销售效率。软件升级盈利模式则通过不断推出新的软件功能和服务，增加车辆的附加值，提高客户满意度。而充电网络生态构建则为车主提供了便捷的充电服务，增强了品牌的吸引力和竞争力。

尽职调查在特斯拉商业模式设计中的作用是至关重要的。它不仅为特斯拉提供了宏观的视野和明确的方向，还使特斯拉在产品研发和商业模式设计上保持领先地位。这种基于深入且全面尽职调查的商业模式设计，为特斯拉的快速发展奠定了坚实的基础。

▶ 尽职调查对降低股权风险的意义

尽职调查在降低股权风险方面发挥着不可或缺的作用。它能够帮助公司更准确地评估商业模式的风险和可行性，揭示公司的竞争态势和资源与能力，为制定差异化战略和竞争策略提供依据，并增强投资者的信心。在特斯拉案例中，尽职调查在降低股权风险方面发挥了关键作用，为公司的成功奠定了坚实的基础。

通过对目标市场、技术趋势和消费者需求的深入调查，特斯拉能够更准确地评估其商业模式的潜在风险和可行性。这种基于数据和事实的评估方法有助于公司避免基于假设或直觉的盲目决策，从而降低投资决策的风险。通过尽职调查，特斯拉能够更清晰地看到市场机会，迎接各种挑战，为公司的长期发展制定更为稳健的战略。

尽职调查能够揭示目标公司的竞争态势和资源与能力，帮助投资者了解公司的核心竞争力、市场地位以及面临的挑战。这种深入了解有助于投资者更全面地评估公司的投资价值和潜在风险。在特斯拉案例中，尽职调查揭示了公司在新能源汽车领域的领先地位、强大的研发能力以及完善的充电网络生态。这些信息为投资者提供了重要参考，有助于其做出更为明智的投资决策。

尽职调查的结果还可以为公司制定差异化战略和竞争策略提供依据。通过了解竞争对手的优劣势、市场趋势以及消费者需求，特斯拉能够设计出更具竞争力的商业模式和产品策略。这种差异化战略有助于特斯拉在激烈的市场竞争中脱颖而出，降低市场竞争带来的风险。

尽职调查不仅有助于降低股权风险，还能够增强投资者的信心。通过向投资者展示公司对市场的深入了解和精准把握，特斯拉能够增强投资者对公司未来发展的信心。这种信心有助于吸引更多的投资者参与，为公司的发展提供更为充足的资金支持。

▶ 进行详尽的尽职调查的方式方法

作为一个专业且高效的团队，在进行尽职调查时，必须采用一套全面的实施策略与方法。通过综合运用市场调研、数据分析、专业工具、实地考察和特定领域研究等多种方法，能够全面了解目标市场的动态、消费者需求、行业趋势以及目标公司的实际情况，为商业模式设计和投资决策提供有力的支持。

市场调研与数据分析是尽职调查的基石。通过对目标市场的深入研究，我们能够洞察市场的规模、增长潜力和消费者构成，从而把握市场的发展趋势和潜在机会。同时，消费者需求调研也是至关重要的，通过问卷调查、访谈等方式，我们能够直接了解消费者的需求、偏好和购买行为，为产品设计和市场定位提供有力的依据。此外，行业趋势分析也不容忽视，关注新技术、新政策和新竞争者的出现，有助于我们预测行业的发展方向和可能的风险。

专业分析工具与技术应用为尽职调查提供了科学的方法论。财务报表分析是评估目标公司财务状况的重要手段，通过仔细研究其财务报表，我们能够了解其盈利能力、偿债能力和运营效率等关键财务指标。同时，利用SWOT分析、PEST分析等工具，我们能够评估目标公司在行业中的竞争地位和市场影响力。此外，通过计算和分析各种财务比率，并应用杜邦分析、EVA等模型，我们能够更深入地评估公司的财务状况和投资价值。

实地考察与访谈是尽职调查中不可或缺的一环。通过实地参观目标公司的生产设施，我们能够直观地了解其生产工艺、质量控制和产能情况。与公司高层管理人员的面对面交流，也能够深入了解公司的战略规划、管理风格和团队凝聚力。此外，通过参与公司的日常活动、观察员工行为等方式，我们还能够深入体验公司的企业文化和价值观。

尽职调查要在特定领域进行深入研究。以特斯拉为例，公司可能特别关注新能源技术领域的专利情况、研发实力以及合作伙伴关系等关键因素。因此，在尽职调查中，我们需要针对这些领域进行深入的研究和分析，以评估目标公司在该领域的竞争力和发展潜力。

综合评估与报告撰写是尽职调查的总结阶段。在收集和分析完所有信息后，我们需要对目标公司进行全面的评估，并撰写详尽的尽职调查报告。报告中应包含目标公司的基本情况、市场分析、财务分析、竞争地位评估、特定领域研究以及风险评估等内容。同时，报告还应提出具体的建议和策略，为商业模式设计和投资决策提供有力的支持。

进行合理的估值定价，确保投资回报与风险匹配

云途科技是一家专注于云计算服务解决方案的初创企业。在初创阶段，云途科技就意识到合理的估值定价对其商业模式设计与股权投资的重大影响。因此，公司采取了一系列策略来确保估值定价的合理性。云途科技首先进行了深入的市场调研和数据分析。通过分析云计算服务行业的市场规模、增长趋势、竞争格局以及客户需求等关键信息，云途科技确定了自身的市场定位和发展方向，并明确了目标客户群体。云途科技在商业模式设计上注重创新和差异化。其开发了一系列具有竞争力的云计算服务产品，并提供了定制化的解决方案，以满足不同客户的需求。同时，云途科技还注重与合作伙伴的合作关系，共同构建了一个完善的生态系统，提高了整体的服务质量和市场竞争力。在估值定价方面，云途科技采用了多种方法相结合的方式。他们首先通过财务模型预测了公司的未来盈利能力和现金流状况，并考虑了市场竞争、行业趋势等因素，确定了公司的合理估值范围。此外，云途科技还参考了同行业类似企业的估值情况，进行了比较分析，以确保估值的准确性和合理性。在股权投资过程中，云途科技积极与投资者进行沟通和合作。他们向投资者展示了公司的商业模式、市场前景、竞争优势以及合理的估值定价策略。这些投资者对云途科技的商业模式和发展前景表示认可，并提供了必要的资金支持。这些资金帮助云途科技加快了产品研发和市场推广的速度，进一步巩固了其在云计算服务行业的地位。

通过科学合理的估值定价策略，云途科技确保了自身的盈利能力和投资价值，为投资者提供了有吸引力的投资回报。同时，云途科技也降低了股权

风险,确保了企业的稳健发展。这个案例表明,在商业模式设计与股权投资过程中,合理的估值定价具有至关重要的作用,其是商业模式设计与降低股权风险,确保企业成功的重要一环。通过科学合理的估值定价,能够确保企业的盈利能力和投资价值,为投资者提供有吸引力的投资回报,同时降低股权风险,确保企业的稳健发展。

▶ 通过估值定价确保投资回报与风险匹配

从商业模式设计的角度来看,估值定价是商业模式落地实施前必须考虑的因素。商业模式设计是企业成功的基础,决定了企业如何创造价值、传递价值以及获取价值。在商业模式设计中,估值定价是至关重要的一环,一个合理的估值定价不仅能够吸引投资者,还能够确保企业长期保持竞争力和盈利能力。

在云途科技的案例中,其商业模式设计注重创新和差异化,通过提供高性能、高品质的云计算服务解决方案来满足客户需求。同时,云途科技还构建了完整的产业链生态系统,提高了整体的服务质量和市场竞争力。这种商业模式设计使得云途科技在市场上具有独特的竞争优势,为其赢得了投资者的青睐。

然而,商业模式设计仅仅是一个框架,要确保投资回报与风险匹配,还需要通过合理的估值定价来实现。云途科技在估值定价方面采取了多种方法相结合的方式,包括财务模型预测、同行业类似企业比较分析等。这些方法综合考虑了公司的盈利能力、市场竞争力、技术实力以及行业趋势等因素,确保了估值的准确性和合理性。

通过合理的估值定价,云途科技确保了自身的投资价值,为投资者提供了有吸引力的投资回报。同时,合理的估值定价也有助于降低投资风险。因为在估值定价的过程中充分考虑了市场环境的变化和企业的未来发展,投资者可以根据这些信息来评估投资风险,制定相应的投资策略。

总的来讲,通过估值定价来确保投资回报与风险匹配是一个综合性的过程。它要求企业在设计商业模式时注重创新和差异化，构建独特的竞争优势；同时，在估值定价方面要充分考虑各种因素，确保估值的准确性和合理性。只有这样，企业才能够吸引投资者，实现长期稳健的投资回报与风险匹配。

▶ 实现合理的估值定价应采取的具体措施

为了实现合理的估值定价，企业必须采取一系列细致且周密的措施。对目标公司进行详尽的尽职调查是不可或缺的步骤。这包括深入研究公司的历史经营数据、财务状况、市场份额、竞争地位等关键指标，以及分析公司所处行业的发展趋势和潜在风险。通过全面了解公司的实际运营情况和市场环境，企业能够为其价值提供更为准确的评估基础。

参考同行业企业的估值水平和市场环境也至关重要。通过对比同行业其他企业的估值情况，结合目标公司的实际情况，企业能够确定一个相对合理的估值区间。这有助于企业在投资决策时更加理性地判断投资的价值和风险。

与投资者进行充分的沟通和协商是确保估值定价合理性的重要环节。通过与投资者进行深入的交流和讨论，企业能够了解他们的投资期望和风险偏好，从而根据双方的共识确定一个既能满足投资者需求又能保障公司利益的估值定价。这样的估值定价将更加合理和公正，有助于降低股权风险，实现双赢。

结合商业模式，制定完善的合同条款，预防法律风险与经济纠纷

在商业模式设计与实施的过程中，法律风险和经济纠纷确实是企业与投资者经常面临的重要挑战。以绿洲健康食品为例，这是一家专注于健康食品研发、生产和销售的新兴企业。其在商业模式设计与实施过程中，通过精心

制定合同条款，成功降低了法律风险和经济纠纷的可能性。

绿洲健康食品的商业模式强调与农户建立直接合作关系，确保食品原料的来源可追溯且品质上乘。然而，在与农户的合作过程中，涉及了土地使用权、原料收购价格、质量标准等多方面的法律风险。为了降低这些风险，绿洲健康食品在拟定合同时进行了深入的考虑和细致的条款设计。

绿洲健康食品与农户签订的土地使用权合同明确了土地的使用范围、期限、租金支付方式等关键条款，确保了公司在使用土地时的合法性和稳定性。同时，合同还规定了农户在土地使用过程中的义务和责任，如不得擅自改变土地用途、不得将土地转租等，进一步降低了法律风险。在原料收购合同中，绿洲健康食品详细规定了原料的质量标准、收购价格、交货时间等关键条款。通过与农户的充分协商沟通，公司确保了原料的质量符合生产要求，同时避免了因价格波动导致的经济纠纷。此外，合同还规定了违约责任和争议解决方式，为双方提供了明确的法律保障。在商业模式设计与实施的过程中，绿洲健康食品还注重与其他合作伙伴的合同条款制定。例如，在销售合同中，公司明确了产品的销售区域、价格、结算方式等关键条款，确保了销售渠道的稳定性和合法性。同时，公司还制定了保密协议和知识产权协议，保护自身的商业秘密和知识产权不受侵犯。

通过深入了解商业模式、识别法律风险点、与合作伙伴充分协商沟通，绿洲健康食品制定了既符合商业模式需求又能够有效防范法律风险的合同条款。这些合同条款的制定不仅降低了企业的法律风险和经济纠纷风险，还为企业的稳健发展提供了坚实的法律保障。这一案例充分说明了在商业模式设计与实施过程中制定完善合同条款的重要性。

▶ 制定合同条款的必要性和重要性

在绿洲健康食品的案例中，我们看到企业在与农户、销售伙伴等合作过程中，通过制定完善的合同条款来确保交易的合法性和稳定性。这体现了制定合同条款的必要性和重要性。

首先，合同条款是保障双方权益的重要工具。在商业模式运作中，各方合作涉及资金、资源、知识产权等多个方面，只有通过明确的合同条款，才能确保各方的权益不受侵害，减少因合作而产生的纠纷。

其次，合同条款有助于规范交易行为。合同条款中规定了交易的具体内容、双方的权利义务、违约责任等，为交易提供了明确的指引和规范，使交易过程更加透明、公正。

最后，合同条款是风险防控的重要手段。在商业模式设计与实施过程中，企业面临着各种风险，如市场风险、法律风险等。通过制定完善的合同条款，企业可以识别和防范潜在的风险点，降低风险发生的可能性。

▶ 结合商业模式制定合同条款的策略

在绿洲健康食品的案例中，企业根据自身的商业模式特点，制定了符合商业模式需求的合同条款。这为我们提供了结合商业模式制定合同条款的策略启示。

首先，企业需要深入了解自身的商业模式。商业模式决定了企业的运营方式、盈利模式、合作伙伴等关键要素。只有深入了解商业模式，才能制定出符合商业模式需求的合同条款。

其次，在商业模式设计过程中制定合同条款，应当深入探索和理解商业模式的各个关键环节和细微之处。这包括了解商业模式的运营流程、盈利机制、合作伙伴关系等，以确保所制定的合同条款能够全面而精准地覆盖商业模式所需的所有要素。

再次，企业需要识别商业模式中的法律风险点。在商业模式运作中，可能存在各种法律风险，其可能涉及知识产权、合同履行、违约责任等方面。一旦识别出这些风险点，企业需要在合同条款中进行明确的约定和防范措施，以减少或避免这些风险对商业模式实施的影响。如知识产权风险、合同风险等。企业需要针对这些风险点，制定相应的合同条款来防范和降低风险。

最后，企业需要与合作伙伴充分协商沟通。合同条款的制定不仅是企业单方面的行为，还需要与合作伙伴进行充分的协商沟通。通过协商沟通，可以解决各方之间的分歧和疑虑，增强彼此之间的信任和合作意愿，从而避免后续合作中出现不必要的纠纷。

风险监控与应对：实时监测，及时响应，降低潜在风险

在商业模式设计与实施的过程中，风险监控与应对是一项至关重要的任务。它涉及对潜在风险的实时监测和及时响应，以确保商业模式能够稳定运行，降低股权风险。通过实时监测和及时响应，能够有效地降低潜在风险对商业模式的影响，确保企业的稳健发展。同时，关注股权风险也是降低股权风险的重要措施之一。下面不妨通过一个基于该主题的案例，即未来科技智能驱动公司（以下简称"未来驱动"）的实践，来说明商业模式设计中风险监控与应对的考量。

未来驱动是一家专注于智能出行领域的创新公司，其商业模式结合了先进的科技手段和个性化的出行需求，为用户提供定制化的出行解决方案。在商业模式的设计与实施过程中，公司高度重视风险监控与应对，确保业务稳定运行，降低股权风险。在商业模式设计阶段，该公司充分考虑了可能面临的风险。公司对市场趋势、技术发展、政策环境等进行了深入的分析和研究，识别出潜在的风险点。针对这些风险点，公司制定了相应的风险防控措施，并将其融入商业模式的各个环节。在商业模式实施过程中，公司建立了完善的风险监控机制。通过实时监测业务数据、用户反馈、市场动态等信息，公司能够及时发现潜在的风险。一旦发现风险，公司会立即启动风险应对机制，采取相应的措施进行处置。以技术风险为例，公司在智能出行领域采用了多项先进的技术手段。然而，这些技术也可能带来一些潜在的风险，

如技术漏洞、数据泄露等。为了应对这些风险，公司加强了技术研发和安全管理，定期进行技术漏洞检测和修复，确保系统的稳定性和安全性。同时，公司还建立了数据保护机制，确保用户数据的安全和隐私。在股权风险方面，公司进行了有效的监控与应对。公司制定了严格的股权管理制度，明确了股东的权益和义务。同时，公司还建立了与股东之间的沟通机制，定期向股东报告公司的运营情况和财务状况，增强股东对公司的信任和支持。

通过以上措施，未来驱动在商业模式设计与实施的过程中有效降低了潜在风险对商业模式的影响，确保了企业的稳健发展。这一案例表明，在商业模式设计与实施的过程中，商业模式设计中的风险预判、构建完善的风险监控体系、实时监测与风险预警以及及时响应与风险应对是企业在设计和实施商业模式过程中需要重点关注和解决的议题。只有做好这些方面的工作，才能有效地降低潜在风险的影响，确保企业的稳健发展。

▶ 商业模式设计中的风险预判

商业模式设计初期，对潜在风险的全面考量至关重要。在这一阶段，必须对市场、技术、法律以及运营等多个维度进行细致的风险评估。市场风险涉及市场需求的波动、竞争对手的策略变化等，这些都可能给商业模式带来不可预知的冲击。技术风险则聚焦于技术创新的速度和成本效益，技术的更新换代可能迅速改变行业的竞争格局。法律风险则涵盖法律法规的变动和合规性问题，企业需确保商业模式在法律框架内运行。

为了降低这些潜在风险，商业模式设计需要融入风险管理的理念。通过深入的市场调研，企业可以了解目标市场的需求和竞争态势，从而设计出更符合市场需求的商业模式。同时，对技术趋势的敏锐洞察和前瞻性布局，可以帮助企业抓住技术创新的机遇，避免技术落后的风险。在法律风险方面，企业需密切关注法律法规的变动，确保商业模式的合规性，避免因违法违规而带来的法律风险。

▶ 构建完善的风险监控体系

经过30多年的稳健发展，下面这家公司已经具有资源优势、规模优势、资质优势、品牌优势、文化优势，同时在市场营销、项目管理、财务资金管理、人力资源管理、信息化建设及科研技术等职能管理方面具备一定优势。但同时企业领导层也发现，公司有很多问题亟待解决：各部门管理职责不清，项目管理水平不高；经营体系有待完善，系统经营能力不强，没有形成全员经营、持续经营和创新经营的氛围；基础管理不扎实，降本增效意识淡薄；人工成本上升，劳务派遣用工比例过高，薪酬体系有待进一步完善；"两金"占比居高不下，企业资产状况有待进一步改善；员工法律意识、维权意识有待增强，出现了一些违规违纪甚至违法问题。

为了保证企业经营管理的合法合规，有效提高经营效率和效果，我建议企业搭建风险监控体系。

第一，编制流程图绘制模板，并进行培训宣贯，保证流程图的规范化和标准化。

第二，制定风险信息收集表格和事项调查问卷，进行针对性的内部访谈，了解各流程层面的风险、关键控制点和解决方案。

第三，将职责细化到岗位，梳理不相容岗位，编制各项内控工作的《权限指引表》。

第四，搭建一体化标准管理体系框架，对企业的管理制度进行集中化、一体化的管控。

第五，编制公司《管理标准》《工作标准》，保证各项标准在内容、格式、风险与内控方面的要求得到体现。

第六，对重点工程项目进行全面风险评估，评估结果作为合同签订、项目实施计划编制、项目执行检查的重要依据。

第七，编制《内部控制自评价及全面风险管理报告》，确保全员从思想和行为上对内部控制体系保持高度统一。

第八，加强内控文化建设，倡导诚实守信、爱岗敬业、开拓创新和团队协作精神，树立现代管理理念，强化风险意识。

企业通过各种渠道，如市场调研、财务报表、内部运营数据等，收集与商业模式运行相关的各类数据，然后将其作为风险分析的基础，更加全面了解自身运营状况和市场动态。该体系不仅会对潜在风险进行实时监测，更成了企业决策的重要依据。

在复杂多变的商业环境中，构建一个完善的风险监控体系是确保企业稳健运行的关键。

数据分析是风险监控体系中的关键环节。通过运用统计学、机器学习等分析方法，对收集到的数据进行深入挖掘，识别出潜在的风险点。同时，结合历史数据和行业趋势，对风险的发展趋势进行预测。这样，企业不仅能够发现已经存在的风险，还能够预测未来的风险趋势，提前制定应对策略。

风险监控体系还需要具备预警功能。一旦数据分析发现异常情况或潜在风险，体系应立即触发预警机制，将风险信息传递给企业管理层。这将确保管理层能够在最短时间内了解到风险情况，并迅速做出响应。预警机制的设置应考虑到风险的严重性和紧迫性，确保预警信息的准确性和及时性。

▶ 实时监测与风险预警

以下是一家专注于锂电池及储能系统开发应用的高新技术企业，业务遍及全球70多个国家和地区。

在企业发展过程中，高层管理者发现企业数据孤岛现象严重，无法互联互通；企业现有生产设备多但连接系统少，设备之间无法进行数据共享和信息交流，业务数据无法汇总和分析，对企业产生了不利影响。

在我的建议下，该企业依托部署数字化管理系统平台，开展了数据自动采集、智能诊断、数据共享和分析应用，实现了设备间的数据互联互通，以及数据驱动业务管理和价值创造。

通过互联，企业实时监控生产过程中的每一个环节，及时获取生产数据，进行分析与决策，快速识别生产瓶颈，优化生产流程，提升了生产效率。

通过设备联网，企业对设备进行实时监测和控制，及时发现了设备故障和异常情况，并采取措施进行修复，保证了生产过程的稳定性和连续性。

此外，记录每个产品的生产过程和质量数据，实现了产品的全生命周期追溯，提高了产品质量，降低了不合格品率，同时还满足了日益严格的行业法规和标准。

通过这样一番操作，企业降低了人力资源的成本和管理难度，极大地降低了运营成本。

在风险监控体系的基础上，实时监测是确保企业能够迅速响应潜在风险的关键步骤。实时监测意味着对商业模式运行过程中的各项指标进行持续不断的观察和跟踪。这些指标包括但不限于市场份额、销售额、利润率等关键业绩指标（KPI），它们直接反映了商业模式的运行状况和市场竞争力。

在实时监测的过程中，一旦发现任何异常情况或数据偏离了正常范围，就需要立即启动风险预警机制。风险预警不仅是对潜在风险的识别，更是对风险的快速响应和准备。预警机制可以通过设定阈值、触发警报或发送通知等方式，确保企业能够在最短的时间内获知风险信息。这种及时的预警为企业提供了宝贵的反应时间，使企业能够迅速评估风险的影响程度，并采取相应的应对措施，以降低潜在风险对企业运营的不利影响。

此外，风险预警还需要与企业的内部决策机制相结合。一旦接收到预警信息，企业的管理层和相关部门应迅速召开会议，对风险进行深入分析和讨论，制定具体的应对策略。这种及时的响应和决策能够确保企业在面对潜在风险时能够迅速采取行动，维护企业的利益和市场地位。

▶ 及时响应与风险应对

通过及时响应和有效应对，企业能够降低潜在风险对商业模式的影响，确保企业的稳健发展。这种风险应对能力不仅体现了企业的管理水平和危机处理能力，更是企业长期生存和发展的重要保障。

一旦通过风险监控体系发现了潜在风险，企业的首要任务便是迅速作出响应。这种响应不仅仅是简单的关注或观察，而是需要立即启动风险应对机制，确保风险得到及时有效的处理。响应的及时性对于降低风险的影响至关重要，因为任何延误都可能让风险进一步扩散，对企业造成更大的损失。

在响应风险的过程中，企业需要根据风险的具体情况制定相应的应对策略。这可能涉及商业模式的调整，比如重新定位市场、改变产品或服务策略等，以适应新的市场环境或满足客户需求。同时，优化运营流程也是常见的风险应对策略，通过提升效率、降低成本来增强企业的抗风险能力。此外，进行市场营销也是降低风险的重要手段，通过加大推广力度、提升品牌知名度等，来增加市场份额和竞争优势。

值得注意的是，风险应对策略的制定并非一蹴而就，而是需要根据风险的发展变化不断调整和优化。因此，企业需要保持高度的敏感性和灵活性，随时准备应对可能出现的新风险。

▶ 关注并应对股权风险

在进行股权受让时，如果能进一步调查一下甲公司的财务凭证、银行流水，乙公司或许就能准确识别风险的存在及如何避免。所以，投资者进行股权并购，正确识别和避免风险尤其重要。

在风险监控与应对的广阔领域中，股权风险占据着不可忽视的地位。股权结构的变化、股东关系的调整，都可能对企业的稳定运营和未来发展产生深远影响。因此，在构建风险监控体系时，必须特别关注并应对股权风险。

为了有效监控股权风险，企业需要建立一套完善的股权风险监控机制。这一机制应当涵盖股权结构的实时监测、股东关系的动态管理等方面。通过对股权结构的实时监测，企业可以及时发现任何可能导致股权变动的不稳定因素，从而提前预警并采取相应措施。同时，股东关系的动态管理也是至关重要的，企业应当密切关注股东之间的利益诉求和矛盾点，及时调解和化解潜在冲突，确保股东关系的和谐稳定。

　　在发现股权风险时，企业需要迅速与股东进行沟通和协调。这包括向股东解释风险的原因、影响及应对策略，以及听取股东的意见和建议。通过与股东的深入沟通，企业可以更加全面地了解股东的利益诉求和关切点，从而制定出更加符合股东利益的应对策略。此外，企业还需要与股东共同制订风险应对计划，明确各方的责任和义务，确保风险应对工作的顺利进行。

第六章
商业模式设计与战略架构合规

企业战略架构合规性规划，需要企业严格遵守法律法规，构建稳健的合规战略架构，以防范法律风险。风险评估是前提，确保架构稳健应对法律挑战。强化内部控制是合规基石，透明信息披露则增强合规沟通。构建符合行业标准的合规体系至关重要，而在跨国经营中，企业需特别关注并妥善应对战略架构的合规性挑战。

遵循法律法规，构建合规战略架构，防范法律风险

企业战略架构的合规性，要求企业在制定战略规划时，充分考虑并遵守相关法律法规和规章制度，确保企业运营、决策和活动的合法性和合规性，以防范法律风险并促进企业可持续发展的战略体系。实务中，为确保企业稳健发展，避免潜在的法律风险，构建合规战略架构成为企业战略规划中不可或缺的一部分。特斯拉在这方面就是一个例子。

特斯拉的成功并非仅源于其技术优势，遵从法律法规更是其屹立不倒的基石。在严格遵守我国法律法规的前提下，特斯拉不断研发创新，推出了更为智能化的驾驶辅助系统。这些系统如同赋予汽车一双智慧的眼睛，使其能够更精准地感知并理解周围环境，进而在决策时减少对外部数据的过度依赖，从而显著降低了数据泄露的风险。在市场策略上，特斯拉同样展现出了非凡的智慧。它深知要在中国这一庞大的市场上取得成功，必须深入理解并尊重中国的传统文化和法律法规。因此在产品设计、客户服务等各个环节，特斯拉都充分考虑了中国消费者的需求和喜好，这种接地气的策略使其在众多国际品牌中脱颖而出，赢得了中国消费者的广泛认可，成为智能汽车领域的佼佼者。

➤ 法律合规在合规战略架构中的重要性

从特斯拉的案例中，我们可以清晰地看到法律合规在构建合规战略架构中的核心地位。特斯拉不仅凭借技术优势在市场中取得了显著的成绩，更在遵守我国法律法规的前提下，不断创新，推出了更加智能化的驾驶辅助系统。这一成就不仅体现了特斯拉对技术的追求，更体现了其对法律合规的深刻理解和重视。

法律合规不仅能帮助企业规避潜在的法律风险,更是确保企业在严格的法律框架内稳健运营的基石。在构建合规战略架构时,注重法律合规意味着企业能够预先识别并规避那些可能引发法律纠纷的隐患,从而避免因违法行为而面临罚款、诉讼等不利后果。这种合规性不仅保护了企业的经济利益,也为企业赢得了社会的广泛认可和尊重。

此外,法律合规还对于维护企业的声誉具有重大意义。一个严格遵守法律法规的企业,更容易赢得消费者、合作伙伴以及社会各界的信任。这种信任不仅提升了企业的品牌形象,也为企业带来了更多的商业机会和合作伙伴,从而增强了企业的市场竞争力。

从长远来看,法律合规的战略架构有助于企业建立健康、稳定的经营环境。在这样的环境中,企业可以更加专注于核心业务的发展,减少因法律纠纷而带来的干扰和损失。这种稳定性为企业的长期发展奠定了坚实的基础,使企业在竞争激烈的市场中保持领先地位。

▶ 构建合规战略架构的策略

在构建合规战略架构的过程中,企业需要分步骤、全面而深入地进行规划和实施。首先,企业需要全面而深入地了解所处行业的法律法规。这是确保战略架构始终与法律要求保持一致的基础。只有深入了解相关法规,企业才能在制定战略架构时充分考虑到法律因素,从而避免潜在的法律风险。

随着法律环境的不断变化,企业还需敏锐捕捉并适应这些变化。法律法规的更新和修订可能对企业的经营产生重大影响,因此企业需要及时关注并了解这些变化,以便及时调整战略架构以适应新的法律环境。同时,制定明确的合规政策是确保企业整体合规性的关键。这些政策应覆盖反垄断、消费者权益保护、数据安全等核心领域,并明确各部门和员工的合规职责。通过明确的政策指引,企业可以确保所有员工都了解并遵守合规要求,从而形成企业整体的合规氛围。

加强内部培训也是构建合规战略架构的重要环节。通过定期的法律培训，提高员工对法律法规的认知和遵守意识，确保员工在日常工作中始终遵循合规要求。这不仅有助于提升员工的合规素质，还能有效预防因员工行为不当而引发的法律风险。

建立有效的合规审视评估机制也是必不可少的。企业应定期对战略架构的合规性进行审视和评估，及时发现并纠正潜在的法律风险。这些评估结果将成为企业调整战略的重要参考，有助于企业不断完善和优化合规战略架构。在面临复杂法律问题或较大法律风险时，企业还应积极寻求外部法律支持，借助专业法律团队的智慧来确保战略架构的合法性和有效性。

➤ 战略架构的法律风险管理措施

为了及时洞察潜在的法律风险，企业需要构建一个法律风险预警系统。这一系统通过收集和分析法律环境信息，如新法规的出台、法律案件的动态等，为企业提供法律风险的早期预警，有助于企业提前做好应对准备，避免在风险爆发时措手不及。

当法律风险被识别后，企业需要迅速制定相应的应对策略。这包括评估风险的严重程度、影响范围以及可能带来的后果，并根据评估结果制定有针对性的应对措施。这些策略可能包括调整经营策略、加强内部管理、寻求法律支持等，旨在确保企业在风险发生时能够迅速、有效地应对。

为了确保合规政策得到有效执行，企业需要建立健全的内部监督与审计机制。这包括对业务流程的定期审查、对员工行为的监督以及对合规政策的执行情况进行检查。通过加强内部监督与审计，企业可以及时发现并纠正潜在的违规行为，防止法律风险的发生。

在面临突发法律风险时，企业需要迅速作出反应以降低损失。因此，完善应急处理机制是必不可少的。这一机制应包括明确的应急响应流程、应急团队的组建以及应急资源的储备等。当法律风险发生时，企业可以迅速启动应急处理机制，协调各方资源共同应对风险，确保企业的稳定运营。

风险评估先行,确保战略架构稳健应对法律挑战

在规划合规战略架构时,风险评估的先行性至关重要。它能确保企业在法律框架内稳健运营,影响商业模式的可行性和成功。合规战略架构是商业模式成功实施的基础,涉及企业定位、价值主张、业务、资源、客户关系和盈利模式,每个环节都需考量法律合规性。全面评估潜在的法律风险,如知识产权、合同、竞争和税务风险,并制定应对策略,是确保商业模式合法合规、持续稳健发展的关键。在这方面,近年来的苹果公司有许多举措。作为全球知名的科技企业,苹果在推出新品时不仅追求技术领先和用户体验,更注重将法律合规性视为商业模式成功实施的基础。

在苹果公司的新品发布流程中,法律风险评估贯穿始终。在产品设计阶段,苹果的法律团队会对产品的外观设计、软件功能等进行全面的知识产权风险评估,确保不侵犯他人的专利权或版权。同时,他们还会与供应商合作,对供应链进行合规性审查,确保所有组件和原材料的来源都符合国际和当地的法律法规。在产品发布前,苹果的法律团队会对市场环境进行评估,包括竞争态势、行业规范等,也会对潜在的竞争对手进行深入研究,了解其商业模式、技术路线等,以便更好地预测可能的法律风险并制定相应的应对策略。此外,苹果还会与政府机构、行业协会等保持密切沟通,确保公司的商业活动符合相关法规和政策要求。除了在产品发布阶段进行风险评估外,苹果还注重在日常运营中加强合规管理。他们建立了完善的合规制度和流程,对员工进行定期的合规培训,确保员工了解并遵守相关法律法规和公司政策。同时,苹果还设立了专门的合规管理部门,负责监督和管理公司的合规工作,确保公司的商业活动始终在法律框架内稳健运营。

通过上述措施,苹果公司在确保新品发布的同时,也有效地降低了法

律风险，保障了公司的稳健发展。这一案例充分说明了在规划合规战略架构时，风险评估的先行性对于企业成功实施商业模式的重要性。

▶ 商业模式设计中的风险评估能确保合法合规

商业模式设计和合规战略架构之间存在着密不可分的关系，合规战略架构是商业模式设计成功实施并持续稳健发展的基础和保障。商业模式设计不仅是一个复杂而系统的工程，更是一个需要细致考虑法律合规性的过程。从企业的定位、价值主张，到关键业务、核心资源，再到客户关系和盈利模式，每一个环节都涉及法律风险的考量。在商业模式设计的每一个环节，法律合规性都是一个不可忽视的因素。企业需要确保自己的商业模式符合相关法律法规的要求，避免因为违法违规而遭受损失。

为了确保商业模式设计的合法合规性，风险评估先行无疑是至关重要的。在商业模式设计的初期阶段，企业需要进行全面的风险评估，识别和评估潜在的法律风险。这包括但不限于知识产权风险、合同风险、竞争风险、税务风险等。通过风险评估，企业可以更加清晰地了解自己所面临的法律风险，并制定相应的应对策略和措施。

这包括但不限于加强知识产权保护、完善合同条款、遵守竞争规则、合理规避税务风险等。同时，企业还需要建立健全法律风险管理制度和流程，确保在商业模式设计过程中能够及时发现和应对法律风险。

▶ 风险评估对合规战略架构稳健性的保障作用

战略架构作为企业实现其商业模式的基础框架，涉及组织结构、资源配置、管理流程和运营策略等多个核心方面。在这一过程中，若未能充分考虑法律风险，可能会导致战略架构的某些关键要素与法律要求相悖，从而对企业的稳健运营构成威胁。

因此，在进行战略架构的合规性规划之初，进行详尽的风险评估显得尤为重要。通过全面识别和评估潜在的法律风险点，企业能够提前洞察法律风险，并据此制定有针对性的应对策略。这一过程不仅有助于企业确保战略架构的合规性，还能使其在面临法律挑战时，能够迅速而稳健地作出应对，保障企业的持续健康发展。

▶ 健全风险评估机制，确保商业模式与战略架构的稳健性

为了确保商业模式与战略构架的稳健性，在我的建议下，以下这家企业早在几年前就健全了风险评估机制。

企业每年年初都会对公司的风险进行梳理和评估。评估内容包括：公司面临的风险是否有变化，风险的严重程度是否有变化，现有的控制措施能否合理应对风险。一旦发现变化，就会立即与风险涉及部门沟通解决应对。

发生重大风险和突发事件时，该企业会按照以下流程进行。

（1）重大事项防范与预警管理。公司成立应急处置工作小组，以及处理突发事件工作的领导小组。对日常工作中发现的有可能导致或转化为重大风险和突发事件的风险信息进行跟踪、分析和监测，加强信息报告和预警。

公司将重大风险和突发事件划分为：

特别严重事件：公司全面爆发风险，涉及范围广泛；无法继续经营，导致公司财产、人员及投资者遭受严重利益损失，造成区域性甚至全国性的影响。

严重事件：公司爆发大规模风险，涉及范围广泛，无法正常经营或受到重大影响，导致公司财产、人员及投资者遭受较大利益损失，造成区域性甚至全国性的影响。

较严重事件：公司发生重大突发风险，正常经营受到影响，导致公司财产、人员及投资者遭受一定程度的利益损失，可能导致或转化为严重影响证券市场稳定的重大突发事件。

一般事件：公司发生突发风险，正常经营受到一定影响，可能导致公司财产、人员及投资者遭受利益损失。

（2）应急处置管理。重大风险和突发事件发生后，相关部门会在第一时

间将事件发生的时间、地点、事件种类、是否涉及危化物品、规模程度、伤亡等情况向上级报告，并根据事态发展，续报相关信息。接到突发事件报告后，应急处置突发事件领导小组在第一线了解跟踪事件发生和变化的过程，并提供专业分析意见。

（3）事后总结评估。事件结束后，公司及各部门及时总结该事件处置过程中的经验教训，评估应急预案的实施效果，并对应急预案进行修改和完善。同时，对事件处理进行责任分解，并纳入公司绩效考核体系。依据相关规定对相关责任人进行批评或处罚，后果严重的还要给予党纪、政纪及司法程序方面的处置。

为了构建全面有效的风险评估机制，该企业还采取了一系列措施。首先，明确的风险评估流程是保障评估质量的关键，因此建立了一套清晰、系统的风险评估流程，包括风险识别、分析、评估、监控和应对等环节，确保每个步骤都能得到严格执行和有效管理。

专业的风险评估团队是实施风险评估机制的重要支撑。企业应组建一支具备专业知识和丰富经验的风险评估团队，为企业的决策提供有力支持。企业还应加强对风险评估团队的专业培训和能力提升，确保他们能够适应不断变化的市场环境和法律要求。有效的风险评估工具也是确保风险评估质量的重要手段。企业应充分利用现代技术手段，如大数据、人工智能等，开发适合自身业务特点的风险评估工具。这些工具能够帮助企业快速、准确地识别和分析潜在风险，提高风险评估的效率和准确性。

企业还需要将风险评估纳入商业模式设计和战略架构规划的常规工作中。在每一轮的商业模式迭代和战略调整中，企业都应充分考虑法律风险的因素，对可能产生的法律风险进行充分评估和预测。通过这种方式，企业能够及时发现和应对潜在的法律风险，确保商业模式和战略架构的稳健性和可持续性。

强化内部控制，夯实商业模式下战略架构的合规基石

华为内控管理体系的精髓在于将流程管控融入企业运营的方方面面。华为倡导的内控理念，并非简单地作为业务的对立面，而是强调内控价值要体现在经营结果的改善上。

华为内控团队从混沌中逐步明确定位，确立"内控价值体现在经营结果改善上"的目标。为了实现这一目标，细化内控工作，逐一深入各区域、各组织，进行沟通、讲解和指导，确保每个组织都能明确并落实其内控工作目标。随着内控管理的逐步深入，一线团队开始接受并认同内控概念，愿意按照内控要求开展业务活动。例如，M代表处的内控团队推行了自动化验收、开票与核销系统，大幅提升了 OTC 业务流程（订单到现金的业务流程）的作业质量，不仅显著缩短了开票时间，还大幅降低了客户拒票率。华为内控团队也聚焦于 OTC 业务流程的优化，通过改进实现了显著的财务效益，减少了应收账款差异和退货损失。华为的内控机制就像一部高效运转的机器，既充当润滑剂的角色，助力经营活动的顺畅进行；又扮演着制动器的角色，确保权力得到合理的授权与制衡，数据保持透明。这种有效的内控管理为"积极授权、有效行权"提供了坚实的制度保障，使各个组织能够在明确的权责边界内发挥出色，充满活力。华为推崇流程化的企业管理模式，通过明确的结构化流程指导所有业务活动，解放员工于繁重的低价值工作中，使其能够专注于更高价值的任务。华为的内控体系正是这一管理模式的重要组成部分，确保了企业运营的合规性、稳定性和高效性。

华为的做法再一次说明，内控的有效性直接关系到企业战略架构的稳定性和合规性，进而影响到整个商业模式的成功实施。企业需要重视内部控制

体系的建设和完善，确保其能够覆盖企业运营的各个方面，为企业提供一个稳定、合规的运营环境，从而确保商业模式与战略的成功实施和企业的稳健发展。

▶ 注重内控体系与商业模式设计的关联性

内控体系与企业商业模式设计之间存在着密切的关联性。企业内部控制和商业模式设计的核心目标都是推动企业的稳定发展和持续盈利。内部控制的目标是确保企业经营管理活动的正常有序、合法合规，以及资产安全、财务报告及相关信息的真实完整，从而提高经营效率和效果，促进企业实现发展战略。而商业模式设计则是通过创新和改进企业的经营模式，提高企业在市场上的竞争力和盈利能力。因此，两者在目标上具有一致性。

企业内部控制和商业模式设计也是相互依赖的。一方面，有效的内部控制可以为企业商业模式的设计和实施提供有力的保障。通过建立健全的内部控制体系，企业可以确保经营活动的合法合规和资产安全，为商业模式的设计和实施提供稳定的环境。另一方面，合理的商业模式设计可以进一步推动内部控制体系的完善。一个成功的商业模式可以帮助企业明确发展方向，优化资源配置，降低经营风险，从而为内部控制的改进和优化提供有力的支持。

在风险控制方面，企业内部控制和商业模式设计也具有紧密的联系。通过有效的内部控制体系，企业可以及时发现和应对经营活动中存在的风险，确保企业的稳健发展。而商业模式设计则可以通过创新和改进企业的经营模式，降低经营风险，提高企业的抗风险能力。因此，两者在风险控制方面也具有相互促进的作用。

企业内部控制和商业模式设计都需要不断地进行改进和优化。随着市场环境和经营环境的变化，企业需要不断地调整内部控制体系以适应新的环境和要求。同时，商业模式设计也需要不断地进行创新和改进，以适应市场的变化和客户需求的变化。因此，两者在持续改进方面也具有紧密的关联性。

➤ 内部控制与商业模式设计的无缝衔接

内部控制不仅是确保企业运营合规性、稳定性和高效性的基石，更是商业模式成功实施和持续优化的关键保障。因此，做好内部控制需要企业从多个方面入手，以确保内部控制的有效性，为商业模式下战略架构的合规性提供坚实的保障。

在商业模式设计之初，企业应确立明确的内部控制目标。这些目标不仅要包括确保业务运行的高效性、财务报告的可靠性，还要涵盖对法律法规的遵守和资产安全的保障。内部控制目标应与商业模式的核心理念和战略目标相契合，为商业模式的成功实施提供有力的支持。

企业应根据商业模式的特点和需求，构建与之相匹配的内部控制体系。这包括明确组织架构、职责分工和业务流程，建立风险评估与监控机制，确保所有业务活动都在规定的框架内进行。内部控制体系应能够及时发现和应对潜在风险，保障企业运营的合规性和稳定性。

在商业模式设计过程中，企业应充分考虑风险评估与监控的重要性。通过对市场、竞争、技术等方面的风险评估，企业可以更加准确地把握市场趋势和潜在风险，为商业模式的决策提供有力的支持。同时，加强对业务活动的实时监控，确保它们按照既定流程和标准执行，防止任何违规行为的发生。

为了确保内部控制体系的有效性，企业应强化内部审计与检查。通过设立专门的内部审计部门或聘请外部审计机构，定期对内部控制体系进行全面、深入的审计和检查，不仅可以发现体系中存在的问题和不足，还能为企业提供改进和完善的方向。同时，内部审计与检查的结果应作为商业模式优化和调整的重要依据。

随着商业模式的不断发展和变化，内部控制体系也需要持续优化和调整。企业应定期评估内部控制体系的有效性和适应性，根据商业模式的变化和市场环境的变动进行相应调整。这种持续优化能够确保内部控制体系始终支持商业模式的发展需求，为企业的发展提供坚实的保障。

透明信息披露，增强战略架构合规性的沟通

2020 年，民生控股通过《中国证券报》《证券时报》及巨潮资讯网公开披露定期报告和临时公告文件 98 份。因其规范的管理、科学的治理以及透明且高质量的信息披露而荣获和讯网"2020 年度信息披露优质上市公司"的称号。

民生控股的做法告诉我们，透明信息披露是确保战略架构合规性的重要基石，通过公开、透明的信息展示，能够促进内外部利益相关者对战略合规性的理解和信任。因此，企业有必要实施透明信息披露策略，以增强其战略架构的合规性，提升信任度，并促进与利益相关者的有效沟通。

▶ 透明信息披露与战略架构合规性

透明信息披露对于增强战略架构合规性的沟通具有不可替代的必要性。首先，透明信息披露有助于企业建立和维护良好的市场形象。通过向投资者和公众公开公司的经营信息，企业可以展示其诚信和透明度，增强市场的信任度。其次，透明信息披露有助于企业及时发现和应对潜在风险。通过公开披露公司的财务状况、经营成果等信息，企业可以吸引更多的关注和监督，从而及时发现并应对潜在的风险和挑战。最后，透明信息披露有助于企业实现长期稳定的发展。通过向投资者和公众展示公司的战略规划与未来发展前景，企业可以吸引更多的投资和支持，为公司的长期发展奠定坚实的基础。

从商业模式的设计角度来看，商业模式的设计是企业战略架构的重要组成部分，通过透明信息披露向公众展示其独特的商业模式和竞争优势，可以增强市场的理解和认同。这种基于透明信息披露的商业模式设计，有助于企业更好地适应市场变化，实现可持续发展。

▶ 探索透明信息披露的有效方式与方法

下面是一家以生猪养殖出口为主业的上市公司。公司以生猪产业经营为主业，涵盖饲料、原料贸易、种猪、商品猪、屠宰、冷链、物流、生猪交易、冷鲜肉品加工及销售、养殖设备等生猪全产业链。目前，公司自有标准化规模养殖基地13个。在我的建议下，该公司积极探索透明的信息披露制度，连续8年获得交易所信息披露A类评价。

该公司信息披露如下：

（1）制定健全的信息披露相关制度。为了保证公司信披工作高质量完成，公司建立了《公司信息披露事务管理制度》《公司重大信息内部报送制度》《外部信息使用人管理制度》《年报信息披露重大差错责任追究制度》《内幕信息知情人登记备案制度》，同时修订了《公司内幕信息知情人登记管理制度》。上述制度的及时建立和有效执行，确保了公司信披及时有效的传递、汇总和披露，信披工作合法合规。

（2）建立双向信披渠道。公司信披事务工作由董事会秘书亲自管理，其中重大信息的采集、核实、信披文本审核、重大事项与交易所监管老师沟通等工作均由董事会秘书亲自办理。董秘会参与公司重大决策会议，了解公司信息。同时，董办会根据公司业务的变化向事业部、财务信息部、各相关业务分子公司采集市场关注的经营信息，更好地向市场各主体传递公司价值，确保公司信息披露的真实、准确、完整、及时。

（3）制定严谨的定期报告及披露程序。为确保高质量地做好定期报告的信披工作，公司编制了《公司定期报告编制流程》，明确了定期报告的编制及审议过程的关键节点。定期报告完成后，会及时总结经验，补充和完善流程，确保流程的准确性。

（4）积极调整工作方法和沟通方法。为了提高信息披露审批效率，公司设有董监高邮箱。为了快速、高效对接相关工作，自2020年开始公司还通过微信建立董事会董事工作群、监事会监事工作群、高管董办事务工作群。

（5）保证传递的信息表达精准。公司组织董办人员持续学习《公司业务管理系统业务操作手册》等相关披露操作规则，保证所有披露的信息准确完整、简明清晰、通俗易懂。

在追求透明信息披露的道路上，企业不断探寻最为有效的方式和策略。为了实现这一目标，首先，建立健全信息披露制度显得尤为关键。一个完善的信息披露制度，能够清晰地界定企业需要公开披露的内容、方式和频率，从而确保信息的规范性和及时性。这不仅有助于企业遵循相关法律法规，还能让市场更加清晰地了解企业的运营状况。

与此同时，利用多样化的渠道进行信息披露也是企业提高透明度的重要途径。通过报纸、网站、社交媒体等多种媒介，企业能够更广泛地传播公司的经营信息，使投资者和公众能够更便捷地获取所需数据。这种全方位的信息披露方式，有助于增强企业的透明度和公信力。

仅仅有制度和渠道还不够，加强内部监管和审核同样至关重要。企业应设立专门的监管机构，对信息披露的内容进行严格审核，确保所披露信息的真实性和准确性。只有这样，企业才能在市场中树立诚信的形象，赢得投资者和公众的信任。此外，积极回应市场关切也是企业提高透明度的关键一环。当投资者和公众对企业的经营信息产生关切或疑问时，企业应迅速作出回应，解释清楚相关情况，消除市场的疑虑。这种及时、坦诚的沟通方式，有助于增强市场的理解和信任，为企业赢得良好的声誉。

构建符合行业标准的战略架构合规体系

某公司采用了独具特色的"金字塔形"三级合规规则体系架构，不仅将复杂的法律法规内化为公司的内部管理准则，还通过系统的规则架构确保了所有规则的统一性和可操作性。在"金字塔形"三级合规体系中，第一级为战略决策层，由董事会负责明确公司的经营方针，界定公司的风险承受边界和业务操作的底线。法律合规中心作为第二级，基于外部法规的变动和公司内部政策，制定出全面的合规手册总册，为各业务单元提供明确的合规指导。第三级是各业务部门，根据具体业务情况，将合规手册中的指导细化到各自的合规分册中，确保不同业务领域的合规指引和要求既符合公司总体策略，又贴近实际操作。该合规规则架构不仅显著降低了人为错误的风险，还极大提升了合规团队在应对复杂问题时的效率和准确性。凭借这一先进的合规体系，该公司在激烈的市场竞争中持续保持领先地位，展现了其卓越的管理智慧和战略眼光。

此案例突出了在商业模式设计中，如何通过建立一个符合行业标准的战略架构合规体系，以适应快速变化的外部环境，并通过内部管理提升企业的整体运营效率和市场竞争力。这种做法不仅是对传统商业模式的一种创新，也是对企业内部管理机制的一次重大优化。

▶ 商业模式设计中的战略架构合规体系构建

随着健康意识的提升，社会上兴起了健身的热潮，很多企业发现了商机，开发出健身版的 App，满足了人们的需求。后来出现了一款名为"趣步"的 App，用户可以用步数在趣步上换购商品甚至提取现金，每天只要走够4000 步，每月就能至少赚 200 元，上不封顶。靠着"走路赚钱"的噱头，该 App 很快就受到了人们的追捧。

我来了兴趣，便到网上查阅相关信息，因为当时这款 App 很火爆，网络上的信息铺天盖地。但当我了解了它的具体操作细则后，却发现这可能是一个庞氏骗局，很可能会涉及传销。为什么这样说呢？

趣步为用户走路设置了任务，只要完成任务，就能获得糖果，糖果可以兑换成人民币。趣步利用区块链概念发行了 10 亿颗"糖果"，每颗"糖果"价值 15 元，可在"趣步 App"上兑换等值商品。其独特运行模式为："走路→产出糖果→糖果置换为 GHT 区块链数字货币→交易 GHT 换成人民币获利。"糖果、GHT 与人民币之间的置换交易关系是用户获利的关键，趣步提供了 GHT 与人民币间的交易平台。

看到"糖果"可以升值，有些用户就投入大量的真金白银来收购"糖果"，趣步很快就变成了一个"资金盘"。趣步整个运转系统完全产生不了商业价值，其实就是后来购买糖果的用户资金补贴前面用户兑换糖果的资金，俨然一个庞氏骗局结构。

另外，趣步获取"糖果"的方法除了走路完成任务，还有分享，俗称"拉人头"。其商业模式另外一个致命的问题就是星级达人和直推的分红机制，拥有较高等级的达人每天都能轻易地拿走分红。

这种金字塔式的上下线层级计提糖果，涉嫌非法传销，整个App自然也就成了一个变异的传销盘和资金盘。

果不其然！没过多长时间趣步就因涉嫌传销、非法集资、金融诈骗等违法行为被工商部门立案调查。一个看似让用户只赚不赔的软件就这样碰触了传销的红线。

这个案例告诉我们，在商业模式设计的过程中，符合行业标准是至关重要的一环。企业不仅要关注商业模式的创新性和盈利性，更要深入了解所在行业的监管要求。

不同行业具有各自独特的行业标准和规则，这些标准和规则不仅规范了企业的市场行为，也为企业提供了明确的发展方向。因此，企业必须在设计商业模式时，充分考虑到这些行业标准和规则，确保商业模式的合规性，从而为企业的可持续发展奠定坚实的基础。

在理解和掌握行业标准的基础上，企业需要进一步将合规要求融入战略架构的设计中。这包括明确合规目标和原则、制定合规政策和流程、设立专门的合规管理部门或团队，以及加强与监管机构的沟通和合作。通过这些措施，企业可以确保战略架构与行业标准保持一致，从而有效规避合规风险，提升企业的市场竞争力。

同时，企业还需要关注合规体系与商业模式和战略架构的协调性。在构建合规体系的过程中，企业需要考虑到商业模式的特点和需求，确保合规体系能够与之相协调，避免出现相互矛盾或冲突的情况。此外，企业还需要注重合规体系的灵活性和可扩展性，以适应行业发展和企业变化的需要。

➤ 多维度视角下的战略架构合规体系构建

在商业模式设计中构建符合行业标准的战略架构合规体系，需要从企业的多个维度进行综合考虑。企业应从明确合规目标和原则、制定合规政策和流程、设立专门的合规管理部门或团队，以及加强与监管机构的沟通和合作等多个维度进行综合考虑。这样才能确保企业的战略架构既符合行业标准，又促进企业的可持续发展。

企业需要明确自身的合规目标和原则，这是整个合规体系建设的基石。这些目标和原则应该与企业的核心价值观和商业目标相契合，确保企业在追求商业利益的同时，不违背法律法规和道德准则。

制定合规政策和流程是确保各级管理层与员工理解和遵守合规要求的关键。企业要制定详尽的合规手册和操作指南，明确各项业务的合规要求和操作规范。同时，企业还需要建立健全的合规培训机制，定期为员工提供合规培训，确保员工对合规要求有清晰的认识和准确的理解。

设立专门的合规管理部门或团队是构建战略架构合规体系的重要一环。这些部门或团队不仅需要具备专业的合规知识和技能，负责监控和评估企业的合规状况，及时发现和纠正违规行为，还需要与各级管理层保持密切沟通，确保合规要求得到全面有效的执行。

加强与监管机构的沟通和合作是确保企业战略架构始终符合行业标准的重要保障。企业需要密切关注行业动态和监管政策的变化，及时了解最新的监管要求和标准。同时，企业还需要与监管机构建立良好的沟通渠道和合作关系，及时反馈问题和困难，共同推动行业的健康发展。

➤ 商业模式设计中合规体系的协调性与适应性

从商业模式设计的视角来看，构建符合行业标准的战略架构合规体系，需要企业注重合规体系与商业模式的协调性、合规体系的灵活性和可扩展性，以及加强内部沟通和协作。这样，企业才能构建出一个既符合行业标准又促进其可持续发展的合规体系。

合规体系不应被视为一种外部强加给企业的束缚，而应是企业战略架构的有机组成部分。企业需要确保合规要求能够融入其商业模式的各个环节，从产品设计、市场营销到供应链管理，都要符合行业标准和法规要求。这样，企业才能在追求合规性的同时，保持其商业模式的独特性和竞争力。

战略架构合规体系应具备足够的灵活性和可扩展性。随着行业的不断发展和企业规模的扩大，新的合规挑战和机遇将不断涌现。因此，战略架构合规体系需要能够随着企业的变化而调整和完善，以适应新的市场环境和监管要求。同时，企业还应关注该体系的可扩展性，以便在未来能够轻松地添加新的合规要求或调整现有要求。

加强内部沟通和协作是确保战略架构合规体系成功运行的关键。合规管理不仅仅是合规部门或团队的职责，也是全体员工的共同责任。企业需要建立有效的沟通机制，确保各级管理层和员工都能了解合规要求，并积极参与合规体系的建设和运行。此外，企业还应加强跨部门的协作，确保各部门在合规方面能够形成合力，共同应对合规挑战。

跨国经营中战略架构的合规性挑战与应对

跨国经营中战略架构的合规性挑战与应对是一个复杂而重要的问题。跨国公司需要建立完善的合规管理体系、加强内部合规培训和文化建设、寻求专业机构支持、建立风险评估和预警机制以及加强外部沟通与合作，以应对这些挑战并降低合规风险。

G公司近年来在多个国家和地区开展业务，其战略架构合规性面临着诸多挑战。首先，不同国家和地区的法律法规、行业标准和监管要求各不相同，给公司的合规管理带来了巨大压力。其次，随着公司业务的不断拓展和规模的扩大，合规风险也日益增加，如何确保公司在全球范围内的合规性成为一个亟待解决的问题。

为了应对这些挑战，G公司采取了一系列措施。首先，公司建立了完善的合规管理体系，明确了各级管理层和员工的合规责任，并制定了详尽的合规政策和流程。同时，公司还加强了内部合规培训和文化建设，提高了员工的合规意识和能力。此外，公司还积极寻求专业机构的支持，如聘请律师事务所和咨询公司为其提供合规咨询和风险评估服务。在风险评估和预警机制方面，G公司建立了全面的风险评估体系，对全球范围内的合规风险进行定期评估和监控。公司还加强了与外部监管机构的沟通和合作，及时了解最新的监管要求和行业动态，以便及时调整公司的合规策略。

通过这些措施的实施，G公司在跨国经营中战略架构的合规性挑战得到了有效应对。公司的合规管理体系不断完善，员工的合规意识和能力不断提高，合规风险得到了有效控制。这些经验对于其他跨国公司应对类似挑战具有一定的借鉴意义。

▶ 跨国经营中战略架构的合规性挑战

在跨国经营时，战略架构的合规性面临着多重挑战。

首先，法律法规的差异是一个显著问题。由于不同国家和地区的法律体系存在显著差异，跨国公司在全球范围内运营时，必须细致入微地了解和遵循各地的法律要求。这种复杂性不仅要求企业具备深厚的法律知识，还需要企业能够灵活应对各种法律变动，以避免因违反当地法律而引发的合规风险。

其次，文化差异也是跨国经营中不可忽视的合规挑战。文化差异既可能导致商业行为、商业习惯和商业伦理的差异，进而引发合规风险也可能导致企业一些在本地看似正常的商业行为，在其他国家和地区却被视为不道德或非法。因此，跨国公司需要深入了解并尊重不同国家和地区的文化习俗，以确保其商业行为符合当地的道德和法律标准。

为了解决文化差异问题，在我的建议下，某跨国企业采用了以下方法：

（1）做好文化差异教育。企业为员工提供了系统的文化差异培训，让员工了解不同文化背景下人们的思维方式和行为模式，提高员工的跨文化敏感度。

（2）重视跨文化沟通培训。培训员工掌握跨文化沟通的技巧，包括语言沟通和非语言沟通的技巧。例如，不同文化中语言的表达方式、语气的运用，以及肢体语言的含义等。

（3）组织多元文化活动。举办各种多元文化活动，如国际美食节、文化展览、跨文化团建活动等，为不同文化背景的员工提供了一个交流和互动的平台。例如，举办各国传统服饰展示活动，让员工展示自己国家的文化特色，同时了解其他国家的文化。

（4）选拔合适的本地管理者。选拔具有跨文化管理能力和对企业价值观认同的本地管理者。这些管理者既了解当地文化和市场情况，又能够理解和贯彻企业的战略意图，在本地员工中具有较高的威望和影响力。

（5）培养本地管理者的跨文化管理能力。为本地管理者提供跨文化管理培训和发展机会，帮助其提升跨文化管理能力。例如，选派本地管理者到企业总部或其他国家和地区的分支机构进行学习和交流，拓宽视野，学习跨文化管理技巧。

政治风险同样是一个重要的合规挑战。跨国经营可能涉及政治敏感领域，如能源、电信等，这些领域往往受到严格的政府监管和审查。政治环境的变化可能导致政策变动，进而影响企业的合规性。因此，跨国公司需要密切关注政治动态，及时调整战略架构，以确保其业务活动符合当地的政治要求。

经济风险不容忽视。汇率波动、贸易壁垒、税收政策等经济因素的变化都可能对企业的合规性产生影响。例如，税收政策的变化可能导致企业面临税务合规问题。因此，跨国公司需要密切关注经济动态，灵活调整其财务和税务策略，以确保其合规性。

▶ 跨国经营中战略架构合规性应对措施

在应对跨国经营中战略架构合规性挑战的过程中，跨国公司需要采取一系列综合措施。首先需要建立一个全球统一的合规管理体系，这一体系将明确合规标准和要求，确保公司在全球范围内的业务活动都能严格遵循当地法律法规和商业伦理。通过明确的制度和流程，企业能够更好地管理和控制风险，确保合规性。

加强内部合规培训和文化建设必不可少。通过定期的内部合规培训，企业能够提高员工的合规意识和能力，使员工能够自觉遵守法律法规和商业伦理。同时，加强企业文化建设，强调诚信、守法、合规的经营理念，使这种理念深植于员工内心，成为企业的核心价值观。

寻求专业机构的支持也是应对合规性挑战的重要途径。与专业的律师事务所、咨询公司等合作，企业可以获取专业的法律、税务、财务等咨询服务，从而更好地了解当地法律法规和市场需求，降低合规风险。

为了及时发现和应对可能的合规问题，企业还需要建立风险评估和预警机制。通过对潜在的风险进行定期评估，企业能够及时发现并应对可能的问题，确保业务的顺利开展。同时，建立预警机制可以对可能的风险进行提前预警和防范，降低合规风险的发生概率。

加强与当地政府、监管机构等外部机构的沟通和合作是非常重要的。通过与这些机构的良好沟通和合作，企业可以及时了解政策变化和市场动态，为自身的合规性提供有力的保障。这种沟通与合作有助于企业更好地理解当地的市场环境和法规要求，降低合规风险。

第七章
商业模式设计与市场营销合规

　　商业模式与市场营销紧密相连，合规是基石。制定实施合规策略，遵守广告与消费者保护法规，确保市场竞争公平。同时，完善客服体系，积极应对消费者投诉。面对跨国市场，需特别关注合规挑战，制定应对策略。只有合规经营，才能确保商业模式的持续发展和市场营销的成功。

商业模式与市场营销相互依存，共创价值

姚丹、王林在《浅析商业模式的市场营销意义》一文中指出，商业模式是将科学作为基本依据，结合企业发展要素使企业价值不断提升，促进经济有效发展。市场营销则是将企业的外部与内部所有的价值进行应用，使经济效益增长循序。商业模式的诞生给市场营销带来了新鲜血液，并将传统营销方式淘汰，使市场营销的发展更具活力。文章还强调了商业模式中的市场营销应该结合环境做合理分析，保证可以实现商业模式的社会价值。

著名营销策划品牌索象在中国营销领域已深耕20年，主要靠的就是"品销合一"的核心理念。品销合一的底层逻辑体现在三个方面：其一是深入用户群体。索象通过品牌、产品和市场的全面洞察，为品牌锁定并辐射潜在用户，同时利用数字化手段精准把握用户的即时需求与长期价值，以此提升用户黏性。以新锐品牌"观夏"为例，它仅凭微信小程序和小红书旗舰店，便取得了自然复购率超过60%的佳绩，其背后的成功并非偶然，而是源于品牌深厚的用户基础与势能。品销合一的另一关键是打造爆款产品。索象认为，只有符合消费者不断变化需求的产品才能成为真正的爆款，而爆款产品又是品牌突围的关键。爆款产品的出现与市场趋势、消费者需求以及品牌战略紧密相连。比如，海飞丝、飘柔和霸王等品牌之所以能在消费者心中留下深刻印象，正是因为其爆款产品对品牌形象的塑造起到了重要作用。索象的爆品方法论聚焦于消费者决策路径，同时挖掘热门单品和概念的潜力。新锐国货护肤品牌"PMPM"就是一个成功的例子，其通过一系列爆款产品迅速打开市场，实现了GMV的快速增长。品销合一的底层逻辑还在于私域流量赋能下的商业闭环。构建私域渠道是品牌实现持续增长的有效途径，因为品牌无法持续依赖新用户，更多的利润来源于核心用户的复购。索象将公私

域联动运营的本质理解为资源的整合，通过精准提效和精准降本，实现精准增长。索象利用公域内容和流量塑造品牌影响力，同时依托私域精细化服务打造用户资产，并根据不同平台的特性进行私域定制化运营。

姚丹和王林在《浅析商业模式的市场营销意义》中提出的观点与索象营销策划品牌的实践案例，从理论和实践两个方面证明了商业模式与市场营销的密切关系。理论上，商业模式与市场营销的结合不仅给品牌带来了新的发展机遇，也为市场营销策略的创新提供了方向。实践中，企业通过深入用户群体、打造爆款产品和构建私域流量，品牌可以在竞争激烈的市场中脱颖而出，实现可持续发展。因此，对于现代企业而言，也只有不断优化商业模式和创新营销策略，以应对市场需求和顾客期望的不断变化，才能在激烈的市场竞争中脱颖而出，实现持续稳定的增长。

➤ 商业模式和营销策略的核心要素

商业模式作为企业经营的框架，与营销策略同样影响着企业的市场表现和长期竞争力。一个成功的商业模式需要具备明确的价值主张，即企业为客户创造的价值。这包括产品功能、服务体验、品牌形象等方面，旨在满足客户的期望和需求。

客户群体是商业模式的重要组成部分。企业需要明确自己的目标客户，并根据客户需求进行市场细分。通过深入了解客户，企业可以更好地满足其需求，建立长期的客户关系。收入来源是商业模式的关键要素之一。企业需要确定如何通过产品或服务获得收入，包括一次性销售、订阅、广告、平台抽成等方式。这有助于企业实现盈利，并为企业发展提供资金支持。成本结构是商业模式中不可忽视的一环。企业需要了解所提供的产品或服务涉及的各种成本，包括固定成本、可变成本、边际成本等。通过有效的成本控制，企业可以保持竞争优势，实现可持续发展。关键资源和关键活动是商业模式的核心。企业需要拥有足够的资源，如资金、技术、人才、品牌、渠道等，以支持其商业模式的运营。同时，企业需要实现关键活动，如研发、生产、营销、客户服务等，以确保商业模式的有效实施。合作伙伴在商业模式中发挥着重要作用。企业可以与供应商、分销商、战略伙伴等建立合作关系，以优化资源配置和降低风险。这种合作有助于企业实现资源共享和优势互补，提升整体竞争力。客户关系是商业模式中不可或缺的一环。企业需要关注与客户的互动和关系管理，包括客户服务、用户社区、客户反馈等。通过提供优质的客户服务和建立用户社区，企业可以赢得客户的信任和忠诚度，实现长期的商业成功。

一个成功的营销策略需要明确市场定位，提供满足客户需求的产品与服务，制定合理的价格策略，选择合适的分销渠道，并通过促销活动提升品牌知名度和产品销售。

某拉链袋厂自成立以来，始终坚守"质量求生存，服务求发展"的核心理念，用心为客户提供优质的产品与服务。该企业拥有丰富的经验和专业的技术，可以根据客户的需求，提供个性化的定制服务。无论是款式、颜色，还是尺寸、材质，都能量身定制，打造独一无二的产品。

企业领导深知，只有生产出质量过硬的产品，才能在激烈的市场竞争中站稳脚跟。因此，他们始终坚持选用优质的原材料，严格把控生产过程中的每一个环节，确保每一件产品都达到甚至超越客户的期望。他们的拉链袋不仅外观美观，而且耐用性极佳，无论是手感还是实用性，都能满足客户的需求。

除了质量，服务也是企业赢得客户信任的关键。该企业拥有一支专业、热情的服务团队，始终以客户为中心，竭诚为客户提供全方位的服务。无论是产品咨询、定制设计，还是售后服务，都能迅速响应。他们始终相信，只有用心服务，才能赢得客户的满意和认可。

企业秉承"质量求生存，服务求发展"的核心理念，不断创新、追求卓越，不断提升产品质量和服务水平，为更多客户提供优质的产品和服务。

市场定位是企业营销策略的基石。企业需深入了解目标市场的需求和偏好，以确定自己的产品或服务在市场中的独特地位。这种定位不仅有助于企业形成竞争优势，还能让顾客在众多品牌中迅速识别并记住企业。产品和服务是营销策略的核心。企业需要不断创新，提供满足顾客需求的产品和服务，以保持竞争力。同时，关注产品质量和服务体验，也是赢得顾客信任和忠诚度的重要手段。价格策略在营销策略中扮演着至关重要的角色。企业需根据成本、市场需求、竞争状况等因素，制定合理的定价策略。这既能确保企业获得足够的利润，又能满足顾客对价格的心理预期。分销渠道的选择对于营销策略的成功至关重要。企业需根据目标市场的特点和顾客需求，选择合适的分销渠道，确保产品和服务能够高效、便捷地送达顾客手中。促销活动是提升品牌知名度和产品销售的重要手段。企业可以通过广告、公关、销售促进和人员推销等方式，吸引潜在顾客的关注，激发他们的购买欲望。

▶ 商业模式与营销策略的相互契合

商业模式与营销策略不是孤立存在的，而是在整合过程中相互交织、相互支撑，共同推动企业的发展。市场定位与价值主张的整合体现了商业模式与营销策略整合的重要性。企业的市场定位决定了其产品或服务在市场上的独特地位，直接影响了价值主张的设计。价值主张是企业向顾客承诺的独特价值，它必须紧密贴合市场定位，确保企业能够满足目标顾客群体的需求。同时，收入来源作为商业模式的核心要素，也受到了营销策略的深刻影响。合理的定价策略、有效的分销渠道以及精准的促销活动，都能为企业带来稳定的收入，进一步支撑商业模式的运作。

在数字化时代，商业模式与营销策略的相互契合变得更加迫切和重要。借助数据分析和数字技术，企业能够更深入地了解顾客需求和市场动态。这些数据不仅有助于企业优化营销策略，提高营销效果，还能为商业模式的调整提供有力的支持。例如，通过分析在线平台上的用户数据，企业可以更加精准地进行市场细分，为每个顾客群体提供定制化的产品和服务。此外，数字技术还为企业创造了新的收入来源。通过订阅模式、数据挖掘等方式，企业可以从顾客那里获取更多的价值，进一步丰富商业模式。

市场营销合规策略的制定与实施

某电商平台在构建其商业模式与制定市场营销策略时,始终将合规性放在首位。该电商平台从设立之初,就明确了自己在法律框架内运营的原则。平台严格遵守《中华人民共和国电子商务法》等相关法律法规,确保平台上的所有交易活动都合法合规。为了做到这一点,平台对入驻的商家进行了严格的审核,确保他们具备合法的经营资质,并遵守平台制定的规则和标准。同时,平台还采用了先进的加密技术和安全措施,保护用户交易数据的安全性和隐私性。在市场营销方面,该平台也表现出对法律法规的尊重。在广告推广中,它始终遵循《中华人民共和国广告法》的规定,确保广告内容真实、合法、不夸大其词,并明确标注广告来源。在促销活动中,平台也严格限制商家的价格欺诈行为,如虚假原价、先提价后降价等,以保护消费者的合法权益。此外,该平台还积极履行社会责任,通过公益活动、环保倡议等方式,提升品牌形象,增强消费者对品牌的认同感和信任度。这种积极的社会责任实践,不仅有助于提升平台的声誉,也为其在竞争激烈的市场中赢得了更多的用户支持。

通过这种合规的商业模式和市场营销策略的实施,该电商平台在电子商务领域取得了显著的成就。它不仅树立了良好的企业形象,赢得了消费者的广泛信任和认可,还实现了业务的稳步增长和市场份额的逐步扩大。

该案例充分说明了设计符合法律法规且具备竞争优势的商业模式是企业成功的关键,而市场营销合规策略的制定与实施,则是这一商业模式中不可或缺的一环。实务中,企业在设计商业模式时需充分考虑法律法规的要求,确保整个商业流程的合规性。市场营销作为商业模式的重要组成部分,其合规性更是直接关系到企业的声誉和长期发展,因此在制定市场营销策略时需明确合规目标，以确保所有营销活动均在法律框架内进行。

▶ 制定合规的市场营销策略

制定合规的市场营销策略不仅关乎企业的法律义务，更体现了企业的道德担当和长远眼光。首先，明确合规目标是首要步骤。这意味着企业需要将确保营销活动的合法性、合规性和道德性置于首位，避免任何可能对企业造成不利影响的违法行为。这种目标设定不仅有助于企业维护良好的声誉，还能为企业的长期发展奠定坚实的基础。

深入了解与营销活动相关的法律法规是企业制定合规策略的重要前提。企业需要全面掌握《中华人民共和国广告法》《中华人民共和国消费者权益保护法》等相关法律法规，确保营销活动在法律的框架内运行。这要求企业不仅要了解法律法规的基本条款，还要关注其最新动态和变化，以便及时调整营销策略。

在明确了合规目标和法律要求之后，企业需要对市场环境进行深入分析。了解竞争对手的营销策略和消费者需求，有助于企业制定符合市场需求的合规营销策略。这种分析不仅能让企业更准确地把握市场脉搏，还能为企业在竞争中脱颖而出提供有力的支持。

A是一家提供营销、销售和服务软件的公司，主要竞争对手是B。为了提升自己在搜索引擎上的表现，吸引更多的潜在客户，A一直在寻找方法。

A发现B在搜索引擎方面表现非常出色，无论是在谷歌还是在其他搜索引擎，很多关于客户关系管理（CRM）软件的关键词都能看到B的页面，吸引了大量流量。

A团队深入分析了B的SEO策略，发现其在多个高流量关键词上表现突出，比如"销售管理工具"等。为了覆盖这些高流量关键词，A调整了自己的关键词布局，创建了大量高质量的内容，包括博客文章、白皮书和客户案例。结果，用了不到一个月的时间，A的自然搜索流量就增长了35%，关键页面的跳出率也下降了15%，用户在网站上的平均停留时长增长了25%。

根据法律法规、市场环境和企业目标，制定具体的营销合规策略是企业实现目标的关键。这包括制定合适的产品策略，确保产品质量和安全性；制定合理的价格策略，满足消费者需求并维护企业利润；选择适当的渠道策略，确保产品能够高效地触达目标消费者；制定有效的促销策略，提高品牌知名度和消费者忠诚度。这些具体策略的制定需要综合考虑企业的实际情况和市场环境，确保策略的有效性和可行性。

▶ 市场营销策略实施的合规措施

市场营销策略的实施必须遵循相关法律法规和行业规范，确保合规性。首先，广告内容的真实性是市场营销合规性的基础。企业需要严格遵守《中华人民共和国广告法》及其相关法规，确保广告内容真实、准确、明确。这意味着广告不得涉及虚假宣传、误导性信息等违法行为，而是应以诚信为本，向消费者提供真实可靠的产品信息。

在信息化时代，个人信息的保护尤为重要。企业在处理个人信息时，必须严格遵守《中华人民共和国网络安全法》和《中华人民共和国个人信息保护法》等法律法规，确保用户信息的安全性和合法性。此外，企业还需在收集、使用用户信息时，获得用户明确的同意，充分尊重用户的隐私权。

价格欺诈是市场营销中常见的违法行为。为防范此类行为，企业应遵守价格法等相关法律法规，确保报价真实准确，并明示相关费用。企业不得通过虚构原价、虚假折扣等方式误导消费者，而应诚信经营，维护公平竞争的市场环境。

在竞争激烈的市场中，企业应避免使用违法、不道德或不正当的手段进行营销。例如，强迫销售、虚假宣传、诋毁竞争对手等行为均属违规行为，将对企业声誉和长期发展造成严重影响。因此，企业应注重诚信经营，以合法、公正、公平的方式参与市场竞争。

知识产权是企业的核心资产之一。在营销活动中，企业应尊重他人的知识产权，不得侵犯他人的商标权、著作权等。这包括在广告、宣传材料中正确使用他人的商标、图片等素材，避免产生侵权纠纷。

企业应遵守反垄断法、反不正当竞争法等相关法律法规，不得进行价格操纵、限制竞争、虚假宣传等行为。这些行为将破坏市场竞争秩序，损害消费者利益，因此企业必须严格自律，维护公平竞争的市场环境。

在营销活动中明确权责是确保合规性的重要一环。企业应确保广告主体和内容的真实性，明确广告的责任主体，避免误导消费者。同时，企业还需建立健全的投诉受理与处理机制，及时处理消费者的投诉和纠纷，维护消费者的合法权益。

遵循宣传法规，避免违规宣传风险

一家名为"悦家生活"的新兴家居品牌在商业模式设计过程中，高度重视市场营销策略的合规性。该品牌通过深入研究宣传法规，制定了一系列遵循行业规范和市场准则的宣传策略。在推广新产品时，不仅通过社交媒体平台传递产品的核心价值，如环保、舒适的设计理念，还注重在宣传中使用真实、准确的数据和用户反馈，避免夸大其词或虚假宣传。例如，公司推出的一款智能床垫，在宣传中明确标注了产品的实际功能和性能参数，并通过权威机构的认证来证明产品的质量和安全性。同时，公司还积极与消费者进行互动，通过举办线上线下的体验活动，让消费者亲自感受产品的品质，从而建立起品牌的信任和口碑。这种合规的宣传策略不仅有效提升了该公司产品的知名度和美誉度，还帮助该品牌在市场上树立了良好的形象，成功避免了违规宣传的风险，确保了市场营销策略的成功实施。

悦家生活这一案例告诉我们，在商业模式设计的过程中，市场营销策略占据着举足轻重的地位。作为连接企业与消费者的重要桥梁，市场营销策略不仅是企业推广产品、扩大市场份额的关键手段，更是塑造企业品牌形象、传递企业文化和价值观的重要途径。然而，市场营销策略的成功并非一蹴而就的。在这个过程中,遵循宣传法规、避免违规宣传风险显得尤为重要。一个合规的宣传策略不仅能够有效传递企业的核心价值,更能保护企业的声誉,避免法律纠纷和不必要的经济损失。

▶ 关注宣传工作中的风险点

商业模式设计应充分考虑到宣传法规的约束。在规划市场营销活动时,企业需要仔细研究相关法律法规,确保宣传内容不违反任何法律规定。这要求企业在制定宣传策略时,必须保持高度的法律意识和合规意识,避免因为追求短期的市场效果而忽视了长期的法律风险。

企业应遵循宣传法规要求,在宣传内容上保持真实性和准确性。企业应当严格审查宣传材料,确保所有信息都经过验证,并且不夸大产品或服务的性能。任何误导性的宣传都可能导致公众对企业产生不信任感,从而影响企业的品牌形象和市场地位。因此,企业应当坚持诚信经营的原则,以真实、准确的信息来赢得消费者的信任。

企业在宣传活动中还需要尊重个人隐私权。在收集和使用个人信息时,企业必须遵守相关法律法规的要求,确保用户的隐私得到充分的保护。未经用户同意,企业不得擅自使用或泄露用户的个人信息。这不仅是对用户隐私权的尊重,也是企业遵守法律法规、维护自身声誉的必要举措。

▶ 违规宣传风险防范措施

违规宣传风险,是指经营主体在商业广告和商业宣传中,违反《中华人民共和国广告法》和《中华人民共和国反不正当竞争法》等相关法律法规后,所需要承担的法律责任。为了降低违规宣传风险,企业应采取一些具体的防范措施。

例如,建立健全的审查机制,对宣传内容进行严格的审查和把关;加强与法律顾问的沟通与合作,及时了解和掌握相关法律法规的最新动态;设立专门的监测机制,对宣传活动进行实时监测和分析,及时发现并纠正可能存在的问题。通过采取这些防范措施，可以降低宣传工作的风险，并确保宣传活动的有效性和可持续发展。

消费者保护法规在市场营销中的应用

在现实的商业环境中，许多企业都注重将消费者保护法规有效地融入市场营销策略的制定和执行中。例如，某餐饮企业严格执行食品安全法规，公开透明地展示食品生产流程，确保食品安全，树立良好的企业形象；某科技公司遵循价格透明化原则，清晰标示产品价格和配置，让消费者明明白白消费，增强市场竞争力；某在线教育平台遵循广告法规定，在宣传中明确标注课程内容和收费标准，避免误导消费者，树立诚信形象；某汽车制造商坚持遵守产品安全法规，主动召回存在安全隐患的车辆，保障消费者安全，维护品牌声誉……

从上述案例可以看到，商业模式设计中市场营销策略的制定和执行必须充分考虑到消费者保护法规的要求。这些法规不仅是消费者权益的重要保障，更是为企业指明了合法经营的方向。因此，企业在制定和执行市场营销策略时，必须充分了解并遵守消费者保护法规，将其作为重要的依据。在商业模式设计中，企业应当将消费者保护法规作为制定和执行市场营销策略的重要参考，确保企业在合法合规的前提下，实现持续、健康发展。

▶ 消费者保护法规的核心内容

保护消费者权益的现行法律体系相当完善，目前已经形成了一个庞大的法律体系。全国人大常委会制定了一系列核心法律，包括消费者权益保护法、产品质量法、价格法、反不正当竞争法、计量法以及标准化法等，这些法律为消费者权益提供了基本的保障。

国务院也制定了一系列行政法规，如《工业产品生产许可证试行条例》

《产品质量监督试行办法》以及《计量法实施细则》等，这些法规进一步细化了对消费者权益的保护措施。

此外，国务院有关部门以及拥有地方法规和地方规章制定权的省、市人民代表大会及地方人民政府，也制定了许多部门规章、地方法规及地方规章，其中同样包含了许多保护消费者权益的具体规定，这些规章的制定和实施，为消费者权益的保护提供了更为细致和具体的法律依据。

➢ 消费者保护法规在市场营销策略中的实践

在商业模式设计的过程中，消费者保护法规在市场营销中的应用主要是产品设计与开发、宣传与推广、销售与服务、投诉与纠纷处理等几个方面。

在产品设计与开发这一环节，商业模式设计需要充分考虑消费者保护法规的要求，确保产品符合安全、健康、环保等标准。例如，需遵守产品质量法和标准化法等法律，确保产品达到国家规定的质量标准，并符合相关行业标准。

在市场营销中，宣传与推广是重要的手段。然而，企业在宣传过程中必须遵守相关法规，避免虚假宣传、误导消费者等行为。在商业模式设计过程中，需强调遵守反不正当竞争法等法律，确保宣传内容的真实性、准确性和合法性；同时还需强调，注意保护消费者的隐私权，不得擅自收集、使用消费者的个人信息。

在销售与服务环节，需要遵守消费者权益保护法等法律，确保消费者的合法权益得到保障。例如，需为消费者提供真实、准确、完整的商品信息，确保消费者在购买前能够充分了解商品的性能、用途、价格等信息。同时，还需为消费者提供优质的售后服务，解决消费者在使用过程中遇到的问题。

在市场营销过程中，难免会出现消费者投诉和纠纷。商业模式设计需注重建立完善的投诉与纠纷处理机制，及时响应消费者的诉求，并依法处理相关纠纷。并强调遵守消费者权益保护法等法律，确保消费者的投诉得到及时、公正、合理的处理。

确保市场营销活动符合市场竞争规范

现实中，有许多企业在市场营销活动中非常注重活动符合市场竞争规范。例如，某汽车制造商在推出新产品时，充分研究市场需求和竞争环境，避免与其他品牌的产品同质化竞争，而是通过创新和差异化来赢得市场；某科技公司推出了一款新产品，在市场营销活动中，它强调产品的独特性和创新点，而非通过贬低竞争对手来提升自己的形象。这种正面的竞争策略赢得了消费者的认可，也树立了企业的诚信形象。某服装品牌通过举办时尚秀和线上线下的互动活动，与消费者建立起紧密的联系，并在宣传过程中明确标注了产品的面料、工艺和价格，避免误导消费者和虚假宣传，展现了企业的诚信和透明度；某餐饮连锁品牌在市场营销中，注重与消费者的互动和沟通，通过收集消费者的反馈和建议，不断改进产品和服务质量，同时也尊重竞争对手，避免进行恶意竞争和价格战，展现了企业的成熟和稳健……

商业模式的设计并非仅仅关注企业的内部运营和盈利策略，还需要紧密结合市场竞争规范，上述案例就很好地说明了这一点。市场竞争规范是企业进行市场营销活动时必须遵循的准则，它要求企业的市场行为必须合法、公平、透明。这些规范不仅保护了消费者的权益，也为企业提供了一个公平竞争的市场环境。只有在这个环境下，企业才能通过自身的努力和创新来赢得市场份额和消费者的信任。而商业模式的设计则需要紧密结合市场竞争规范，这意味着企业在设计商业模式时，必须充分考虑到市场竞争的现状和趋势，以及消费者的需求和期望。企业需要通过市场调研和分析，了解竞争对手的优劣势，找到自己的差异化和创新点，并制定出符合市场竞争规范的市场营销策略。只有这样，企业才能在激烈的市场竞争中稳健发展，赢得消费者的信任和支持，实现长期可持续的盈利和增长。

➤ 商业模式设计与市场竞争规范的融合

在商业模式设计过程中，应充分考虑市场竞争规范的要求。通过将市场竞争规范融入商业模式设计中，加强内部合规管理，积极响应市场变化，企业可以在激烈的市场竞争中稳健发展，实现可持续盈利。

首先，要确保商业模式中的市场定位、目标客户、产品策略、定价机制等要素与市场竞争规范相一致。例如，定价机制应避免价格歧视，确保所有客户在相同条件下享受同等的价格待遇。其次，商业模式中的营销策略也需符合市场竞争规范。这包括广告宣传的真实性、合法性，以及促销活动的公平性和透明度。商业模式设计应确保企业在市场营销过程中不采用虚假宣传、误导消费者等不正当手段。

➤ 积极响应市场变化

在日益激烈的市场竞争中，企业需要敏锐地洞察市场变化，并快速作出响应。同时，鉴于法规政策的不断更新和市场竞争的加剧，企业也应及时调整商业模式和市场营销策略，以适应新的市场环境。

当面临新的市场竞争规范时，企业不应仅仅将其视为一种约束，而应视为一个机遇。企业应立即组织内部团队，深入研究新的规范，评估其对商业模式和市场营销策略的影响，并据此进行必要的调整。这种积极响应的态度不仅有助于企业保持合规性，还能使企业抓住市场机遇，赢得竞争优势。

同时，企业还应密切关注行业发展趋势和消费者需求变化。通过市场调研和数据分析，企业可以了解消费者的最新需求和偏好，进而调整市场定位和营销策略，以满足消费者的需求。这种不断创新和优化商业模式的行为，将提高企业在市场竞争中的适应能力和竞争力，使其能够在激烈的市场竞争中立于不败之地。

完善客服体系,及时处理消费者投诉和纠纷

在消费者的需求和期望不断提高的当下,完善客服体系并及时处理消费者投诉和纠纷已成为企业提升消费者满意度的关键,同时也是企业实现长期可持续发展的必要条件。例如,某电商平台通过建立高效的客服体系,不仅快速响应消费者的问题和投诉,还利用大数据和人工智能技术提供个性化服务,极大地提升了消费者的购物体验。这种对消费者需求的敏锐洞察和快速响应,使得该平台在激烈的市场竞争中脱颖而出。

从商业模式设计的角度来看,完善的客服体系应该与企业的战略架构紧密相连,共同推动企业的合规运营和市场竞争力的提升。例如,某金融机构在设计其商业模式时,就将客户服务作为核心竞争力之一。通过优化客服流程、加强客服人员的培训和管理,以及引入先进的数字化客服工具,该机构成功提升了客户满意度,同时也增强了自身的市场竞争力。

企业在设计商业模式时,应充分考虑消费者需求和服务体验。通过建立完善的客服体系,加强客服人员的培训和管理,企业可以更好地满足消费者的需求,提升消费者满意度。同时,利用数字化、智能化工具提升客服体系的效率和效果,可以进一步优化消费者体验,为企业的长期可持续发展奠定坚实的基础。例如,某在线旅游平台通过引入智能客服系统,实现了24小时不间断的客户服务,大幅提升了消费者的服务体验和满意度。这种创新的服务模式不仅增强了企业的市场竞争力,也为企业的长期发展提供了有力支持。

> ▶ 消费者需求与服务体验是商业模式设计的核心

商业模式的设计始于对消费者需求的深度挖掘。企业的成功并非仅仅依

赖产品或服务的创新，更重要的是如何满足消费者的实际需求。因此，在规划商业模式时，需要深入研究目标消费者，了解他们的生活习惯、偏好和需求变化，从而设计出更加贴近消费者期望的产品或服务。

在消费者需求的基础上，商业模式设计还需关注服务体验。优质的服务体验能够提高消费者的满意度和忠诚度，为企业赢得良好的口碑。因此，在商业模式设计中，应将客服体系纳入整体战略架构，明确其重要性和定位，确保客服体系与企业的发展目标相一致，为消费者提供及时、专业、周到的服务。

▶ 构建高效客服体系，优化投诉处理流程与标准

B集团深耕物业行业20多年，一直秉承"追求创意、追求艺术产品打造"的理念，为不同的项目打造个性特点，因此服务产品并未实现标准化。但随着市场下行与地产衰落的冲击，B集团不可避免地遭遇了资金压力剧增、成本高居不下等困境。

为了以新时代下的客户需求为导向，重塑服务产品体系，实现服务产品与公司运营体系对接，B集团接受我的建议，完善了自己的服务体系。

（1）客户需求洞悉。系统解读集团近三年的客户需求调查分析报告，以及客户满意度调查报告，梳理出客户不同业态、不同年龄、不同生活角度所需的诉求；同时，按照不同的动线进行场景化还原，形成完整的客户需求归纳清单。

（2）客户细分与产品线打造。解读不同层次的客户需求，对集团不同业态的服务产品进行了产品线的划分。其中，住宅、商业、写字楼等划分为不同档次的产品线，而产业园、公建等业态则以定制化为主，不做产品线划分。

（3）场景构造。不同的物业业态按照不同的场景构建维度来构造场景，将客户需求还原到不同的场景中，强化场景体验。

（4）图谱梳理与产品线适配。以不同场景下的客户需求为出发点，构建

具体的服务事项，形成完整的服务图谱。同时，针对不同的产品线，将所有服务图谱划分为必做与选做两大类，进行有效适配。

（5）服务标准编制。根据不同的产品线与具体的服务图谱，通过视觉、嗅觉、听觉、触觉、味觉等五感的接触，构建服务标准，形成人员标准、场所标准与业务标准等。

服务产品体系的搭建，不仅为整个集团的运营管理奠定了良好的基础，也为后续的数据运营、业财一体建设以及绩效管理等提供了强大的基础保障。

建立完善的客服体系，是企业提供优质服务的关键环节。其中，投诉处理流程与标准的明确至关重要。商业模式设计过程中应制定一套详尽的投诉处理流程，确保消费者在遇到问题时能够迅速得到回应和解决。流程中应包含投诉接收、分类、调查、处理及反馈等各个环节，形成闭环管理，提高投诉处理的效率和效果。

同时，商业模式设计也应设定清晰的投诉处理标准，确保投诉处理的公正性和专业性。针对不同类型的投诉，应有明确的分类和处理方法，避免主观臆断和偏袒。在处理过程中，应积极与消费者沟通，了解其具体需求和期望，以更加人性化的方式解决问题，提高消费者的满意度和忠诚度。

▶ 客服人员培训与管理的关键性

企业不仅要构建高效的客服体系，还需特别注重客服人员的培训和管理。客服人员是企业与消费者之间的桥梁，承担着传递企业价值和解决消费者问题的双重责任。因此，客服人员的素质和能力直接影响着消费者的满意度和忠诚度。

为了提升客服人员的服务水平，商业模式设计应制订系统的培训计划，定期对客服人员进行专业知识和沟通技巧的培训。同时，还应注重加强对客服人员的管理，建立健全激励机制和考核体系，确保他们能够积极、主动地为消费者提供服务。此外，还应鼓励客服人员不断学习和创新，以适应不断变化的市场需求和消费者期望。通过加强客服人员的培训与管理的商业模式设计和实施，有助于企业建立起一支高效、专业的客服团队，为消费者提供更加优质的服务。

▶ 数字化智能化赋能客服体系

在追求高效、精准的客户服务时代，商业模式设计需要紧跟科技发展的步伐，利用数字化、智能化工具来提升客服体系的效率和效果。这些先进的工具不仅能帮助企业更全面地收集、分析消费者的反馈和需求，还能为客服体系的持续优化提供有力的数据支持。

具体而言，可以运用大数据分析工具，对消费者的投诉、建议等信息进行深入挖掘，从而洞察消费者的真实需求和期望。同时，结合人工智能技术，可以开发智能化的客服系统，实现自动化的投诉处理和反馈机制，减少人工干预，提高响应速度和处理效率。这样不仅能够提升消费者的满意度，还能在激烈的市场竞争中脱颖而出。

跨国市场营销合规挑战与应对策略

在全球化背景下，跨国市场营销已成为企业拓展市场、提升品牌影响力的重要手段。然而，这一过程中也伴随着诸多合规挑战，尤其是在不同国家和地区的法规、文化和市场环境存在差异的情况下。例如，某国际饮料巨头在进军新兴市场时，深入研究了当地的消费习惯、法规要求和文化背景，并据此调整了产品配方和营销策略，最后成功获得了当地消费者的喜爱和认可。

然而，并非所有企业都能如此顺利地应对跨国市场营销的合规挑战。一些企业因为忽视了目标市场的特殊规定和文化差异，导致市场推广效果不佳，甚至引发法律纠纷和声誉损失。例如，某国际化妆品品牌曾因在某一国家宣传中使用了不当的表述,违反了当地的广告法规,被处以高额罚款,并严重影响了品牌形象。

上述正反两个方面的例子充分说明,跨国市场营销的合规挑战不容忽视。企业在进行跨国市场营销时,必须深入了解目标市场的法规、文化和市场环境,并据此制定相应的营销策略。同时,企业还需要建立健全的合规管理制度,加强员工的合规意识培训,确保企业在市场推广过程中始终遵循当地的法律法规和文化习惯。企业在商业模式设计中应充分考虑目标市场的特殊性和合规要求,通过优化产品、服务、渠道和定价等方面,更好地满足当地消费者的需求,并降低合规风险。此外,还可以考虑到利用数字化、智能化工具提升跨国市场营销的效率和效果,进一步拓展市场份额和提升品牌影响力。

▶ 跨国市场营销合规挑战

不同于国内市场的单一法律环境和文化背景,跨国市场营销需要企业在不同国家和地区间穿梭,与各种复杂多变的法规和文化背景相互碰撞。

首先,多元化法规体系是企业跨国市场营销中不可忽视的一环。不同国家和地区的法规犹如一道道门槛,要求企业精准把握并严格遵守。从广告法到消费者权益保护法,再到知识产权法,每一部法律都蕴含着对市场的规范与约束。企业不仅要确保自身的商业行为符合各国法律的要求,还需在营销策略中融入对不同法律环境的适应与尊重。

文化和语言差异为跨国市场营销增添了更多的复杂性。不同国家和地区有着各自独特的文化背景和语言习惯,这可能导致营销信息的误解或遗漏。企业需要在深入了解目标市场文化的基础上,精心制定营销策略,确保信息的准确性和合规性。同时,跨文化沟通能力的培养也至关重要,以便更好地与目标市场的消费者进行有效沟通。

税务合规是跨国市场营销中另一个重要环节。跨境电商营销涉及增值税、关税等多种税种,企业需要了解并遵守目标市场的税务政策。税务问题一旦处理不当，不仅可能给企业带来经济损失，还可能影响企业的声誉和市场地位。因此，企业需要加强税务管理，确保合规纳税，避免税务风险。

贸易合规同样是跨国市场营销中不可忽视的一环。跨境电商属于国际贸易范畴，需要遵守相关的国际贸易规则。企业需要了解目标市场的贸易政策、关税壁垒、反倾销措施等，确保自身的商业行为符合国际贸易规则。在国际贸易中，企业还需注重与各国政府和机构的沟通与合作，以便更好地应对各种贸易挑战。

此外，数据合规和知识产权合规也是跨国市场营销中需要关注的重要问题。在跨境营销中，处理个人数据是一个重要的环节。企业需要遵守目标市场的隐私保护法规，确保个人数据的合法收集、存储和使用。同时，知识产权合规问题也日益突出，企业需要确保所销售的产品不侵犯他人的知识产权，避免因知识产权纠纷而引发的风险。

▶ 应对合规挑战的策略

为了在上述这些挑战中稳健前行，将商业模式设计与合规性进行融合是必须采取的策略。为了更好地应对合规挑战，企业首先应组建具备专业知识和经验的合规团队，负责监测和分析目标市场的法规变化，及时提供合规建议和解决方案。

合规团队在策划和构建商业模式时，需深入了解目标市场的法规要求和文化习惯，确保商业模式的各个环节都符合当地的法律法规。这要求企业必须充分考虑当地消费者的需求和习惯，以确保推广活动的合规性和有效性。通过这种方法，企业不仅能提高市场推广的效果，还能建立起与当地消费者之间的信任关系。同时，合规团队应与当地政府和机构进行积极的沟通与合作，包括与当地政府和机构建立良好的关系，以及了解当地的法规政策和市场动态等。通过与海关、税务等部门的紧密合作，可以确保在税务和贸易方面的合规性，避免因违规行为而引发的法律纠纷。

在全球化营销中，数据保护和知识产权问题越发突出。商业模式设计需强化数据保护和知识产权意识，建立完善的数据保护机制，确保个人数据的合法收集、存储和使用。同时，还需重视知识产权的保护，确保所销售的产品不侵犯他人的知识产权。通过技术手段和制度保障，企业可以有效地避免数据泄露和知识产权纠纷的风险。

面对不同国家和地区的合规挑战，商业模式设计过程中需要保持灵活性和创新性。不同国家和地区的法规环境存在差异，设计时应根据目标市场的实际情况制定有针对性的合规策略和解决方案。通过灵活应对合规挑战，企业可以抓住市场机遇，实现持续稳健的发展。

第八章
商业模式设计与供应链管理合规

　　商业模式与供应链管理需协同共进,共同打造全面且符合法规的合规体系。在深度评估与选择供应商时,合规性是关键考量。面对跨国供应链的合规挑战,需灵活应对,制定全球化策略。确保产品质量与法规遵从,有助于构建可信赖的供应链生态。提升透明度,强化合规监控与报告,并培养团队法规意识,可以助力供应链稳健发展。

商业模式与供应链管理协同共生，共谋发展

关于商业模式与供应链管理的协同共生，《高效协同：供应链与商业模式设计》一书中提到了一个典型的案例，即京东物流构建的协同共生的供应链网络。这个网络不仅包括中国国内的各行业合作伙伴，还涵盖了全球范围内的合作伙伴。通过实施数字化转型，京东物流利用云仓模式，整合了自身的管理系统、规划能力和运营标准，实现了供应链的高效协同。从商业模式的角度来看，京东物流的案例展示了如何通过创新的商业模式（如云仓模式）来推动供应链管理的优化。这种模式不仅提高了供应链的响应速度和效率，还通过数字化手段增强了供应链的透明度和可追溯性，从而为企业带来更大的竞争优势。从供应链管理的角度来看，京东物流的供应链网络通过整合全球资源，不仅优化了自身的物流服务，还能够根据市场需求快速调整生产计划和库存管理，这种灵活性和响应速度是传统供应链难以比拟的。此外，通过与全球合作伙伴的紧密协作，京东物流能够提供更加多样化和定制化的服务，进一步丰富其商业模式，提升客户满意度和忠诚度。

总体来说，京东物流的案例是一个典型，展示了如何通过创新的商业模式来引领和优化供应链管理，同时也显示了供应链管理如何通过技术创新和全球资源整合，为商业模式的拓展和补充提供支持。这不仅提升了企业的内部运营效率，也加强了企业在全球市场中的竞争力。由此可见，商业模式与供应链管理的协同共生是实现企业可持续发展的关键。

▶ 商业模式引领供应链管理，推动供应链优化

商业模式，作为企业价值创造的逻辑框架，其重要性不言而喻。它不仅仅是企业内部资源优化配置的蓝图，更是企业与外部环境互动、实现价值交

换的桥梁。在这个框架内,商业模式为供应链管理提供了清晰的方向和原则性的指导。

具体而言,商业模式通过其独特的视角,使企业能够深入理解市场需求和竞争态势,进而指导供应链管理策略的制定和实施。例如,当商业模式强调以客户需求为导向时,供应链管理就需要更加注重对市场需求的敏锐捕捉和快速响应,确保产品或服务能够及时、准确地满足客户的期望。同时,商业模式还会根据企业的战略目标和市场定位,对供应链管理的关键环节进行优化和重组,以提高整体运营效率和降低成本。这种由商业模式引领的供应链管理,能够更好地适应市场变化,提升企业的竞争力。因此,商业模式不仅是企业价值创造的逻辑框架,更是引领供应链管理方向的重要指南。只有深入理解并充分利用商业模式,企业才能在激烈的市场竞争中立于不败之地。

商业模式不仅引领供应链管理方向,还推动供应链优化。商业模式设计作为企业持续发展的核心驱动力,始终是推动企业适应市场变化、优化资源配置、提升价值创造能力的关键所在。通过不断的商业模式设计,企业能够持续优化其供应链,提升供应链的竞争力和适应性,从而确保企业在激烈的市场竞争中立于不败之地。

商业模式设计的过程,实际上也是企业供应链优化的过程。通过创新的商业模式,企业能够打破传统的供应链局限,实现资源的更高效配置和流程的进一步优化。这种优化不仅体现在供应链运作的各个环节,如采购、生产、物流等,更体现在供应链的整体结构上。通过创新,企业能够建立起更加灵活、响应速度更快的供应链网络,以快速响应市场变化,满足客户需求。同时,商业模式设计还能够推动供应链的重组和升级。随着新技术、新应用的不断涌现,企业可以利用这些创新元素来改造其供应链,引入更多的智能化、自动化元素,提高供应链的自动化水平和智能化程度。这样的供应链不仅能够降低企业的运营成本,提高生产效率,还能够提高客户满意度,增强企业的行业竞争力。

➤ 供应链管理对商业模式的拓展与补充

供应链管理在多个维度上对商业模式进行了深度的拓展与补充，使得商业模式更加全面、细致且富有适应性。

首先，它强调主体网络之间的均衡协调，这要求企业在供应链管理过程中不仅要关注自身的运营和决策，还需要与其他供应链伙伴进行紧密的合作和协同，确保整个供应链的顺畅运作。这种均衡协调的思维模式，使得商业模式在资源分配、风险管理和利益共享等方面更加完善。

其次，供应链管理高度关注市场系统的效率，通过优化商流、物流、信息流和资金流的流通效率，实现供应链的高效运作。这种对市场系统效率的重视，使得商业模式在响应市场需求、降低运营成本和提高客户满意度等方面具有更强的竞争力。同时，供应链管理还强调主客体网络的动态发展，即根据市场需求和竞争环境的变化，不断调整和优化供应链网络，确保供应链的灵活性和适应性。这种动态发展的理念，使得商业模式在应对市场变化和客户需求时更加灵活和高效。

再次，供应链管理还注重综合资源能力的运用管理，强调资源的广度效益和深度效益。它要求企业不仅要关注自身的资源能力，还需要整合供应链伙伴的资源能力，实现资源的共享和互补。这种综合资源能力的运用管理，使得商业模式在资源配置、创新能力和市场竞争力等方面具有更强的优势。

最后，供应链管理还强调协同创新和服务供应链模式的转变，以及资源的动态性。它鼓励企业与其他供应链伙伴进行协同创新，共同开发新产品、新技术和新服务，以满足市场的不断变化。同时，供应链管理还注重资源的动态性，即根据市场需求和竞争环境的变化，不断调整和优化资源的配置与运用，确保资源的有效利用和最大化价值创造。这些方面的补充，使得商业模式更加全面、细致和具有竞争力。

构建全面且符合法规的供应链管理合规体系

海底捞，作为知名的火锅连锁品牌，将食品安全作为企业的生命线。为了确保食品供应链的合规性和高品质，海底捞采取了一系列措施。海底捞于2023年对供应链体系和管理模式进行了全面升级，其中最引人注目的是海底捞与供应商之间的深度合作。在新品研发阶段，海底捞不仅邀请供应商参与产品提报，还共同进行产品研发和升级，实现了研发生产一体化的高效模式。此外，海底捞还建立了严格的食品安全管控流程，从研发创新、原材料采购、生产制作、质量安全检验，到配送运输、摆盘上桌，每一个环节都经过严格把关，确保食品的安全和质量。同时，海底捞还建立了供应链食品安全学习生态圈，对相关人员进行规范培训，提高整个供应链的食品安全意识和管理水平。在帮扶供应商方面，海底捞食品安全管理团队积极走进工厂，针对问题进行点对点的帮扶，助力供应商提升产品品质和生产效率。在2023年一年之中，海底捞食品安全管理团队成功帮扶了近30家合作伙伴，其中多家企业经过帮扶成长为海底捞的优秀供应商伙伴。

从海底捞的案例中我们可以看到，一个成功的企业是如何将供应链合规管理体系融入其日常运营中，并使其成为企业核心竞争力的一部分的。海底捞不仅关注产品的品质和口感，更重视整个供应链的安全性和合规性。通过深化与供应商的合作关系、建立严格的食品安全管控流程以及加强员工培训，海底捞成功地构建了一个高效、安全、合规的供应链体系，为顾客提供了优质的用餐体验。

建立供应链合规管理体系不仅能够帮助企业确保供应链的合规性，降低合规风险，还能够提高供应链的稳定性和竞争力。而在商业模式设计中，供应链合规管理体系的建立和运作是不可或缺的一环。一个成功的商业模式不仅需要关注产品的创新和市场定位，更需要确保供应链的合规性和稳定性，以降低风险，提高整体竞争力。

▶ 将合规性纳入商业模式设计的核心要素

在策划和构建商业模式时，企业应将供应链合规性作为重要的考虑因素，要深入了解目标市场的法规要求和文化习惯，这是企业进行合规性考虑的基础。不同国家和地区的法规标准、行业标准、消费者习惯等都有所不同，企业需要仔细研究这些差异，以便在产品设计、生产、销售等各个环节中融入合规性要求。通过深入了解目标市场，企业可以设计出更符合当地法规和消费者需求的产品，提高市场竞争力。

商业模式的设计应充分考虑到供应链管理的复杂性。一个成功的商业模式需要有一个稳定、可靠的供应链支持，而供应链的合规性则是其稳定运行的基础。因此，在设计商业模式时，企业需要考虑到供应链的各个环节，包括供应商的选择、采购流程、生产操作、物流配送等，确保这些环节都符合当地的法规要求和行业规范。只有这样，企业才能建立起一个稳定、合规的供应链体系，支持其商业模式的顺利实施。

▶ 制定符合合规要求的商业模式策略

在商业模式设计中，制定符合合规要求的策略是确保企业稳健发展的重要环节。在供应商选择方面，企业需建立一套严格的供应商筛选机制，以确保供应链起点的合规性。这一机制应包括供应商资质认证、历史合规记录的调查，以及供应商合规管理体系的评估。通过这一机制，企业能够筛选出具备合规资质和良好信誉的供应商，降低因供应商不合规而带来的潜在风险。

在销售模式上，企业同样需要遵守当地的法律法规，避免采用可能引发合规风险的销售策略。这就需要企业深入了解目标市场的法规要求，包括产品宣传、定价、促销等各个环节的法律规定。通过了解和遵守这些规定，企业可以确保销售活动的合规性，避免受到法律处罚和声誉损失。

同时，企业还应关注新兴技术的发展趋势，利用技术手段提高供应链合规管理的效率和准确性。例如，通过引入大数据、人工智能等先进技术，企业可以实时监控供应链的合规状况，及时发现和解决问题，降低合规风险。此外，企业还可以利用区块链等技术确保供应链信息的透明度和可追溯性，提高合规管理的可信度和有效性。

> **建立供应链合规管理体系，支持商业模式实施**

盒马鲜生店（以下简称"盒马"）是盒马旗下的核心业态，创办于2015年，是国内首家以数据和技术为驱动的新零售平台，致力于为中高端消费者提供高品质商品。盒马自营品牌之所以能够获得发展，主要依赖于搭建的产供销一体的供应链体系。

（1）在供应链上游。盒马深入全国各个特色产区，搭建了185个盒马村，运用数字技术打通农业上下游，推动农产品供应标准化、精细化和品牌化。

（2）在挤奶环节。盒马引进的72位转盘式机器可以同时作业，每8分钟可以对144头奶牛进行高效挤奶处理。挤奶全程采用真空抽吸，自动脱杯，鲜奶会直接通过专业管道运输至运奶车，缩短了鲜奶从源头到加工厂的时间；而且，全程无须耗费大量人力，显著提高了原奶的安全性与新鲜度。

（3）在供应链生产加工端。盒马在全国拥有9个集农产品加工、成品食材研发、半成品冷冻储藏、中央厨房、冷链物流配送于一体的供应链运营中心。这些中心配备了冷链生鲜加工设施和物流自动化装备，还融合5G通信、物联网（IoT）及区块链等技术，构建了全链条的自动化与数字化管理体系。

（4）在盒马门店。生鲜产品销售占比超60%，是其核心品类。为了应对生鲜对于"保鲜高速"的要求，盒马在全国建立了生鲜物流体系骨干网络，可辐射全国400家门店，单日分拣能力超280万份。

（5）在门店终端。盒马独创前店后仓的"悬挂链"系统，可实现集单、分拣、挂包、传输、合流、打包、输送、配送等八个配送环节的协同操作。只需利用大数据和算法，拣货员就能完成较之前三倍的工作，并将配送时间控制在了半小时以内。

正是基于全流程数字化的供应链体系，盒马自营产品才能通过低成本、高品质的优势在市场上占据一席之地，成为著名的"盒马"牌。

为了确保商业模式的顺利实施，企业需构建一套健全且有效的供应链合规管理体系。这一体系不仅为企业的日常运营提供了清晰明确的指导，更是保障企业稳健发展的关键所在。

企业需要制定明确的合规政策和流程。这些政策和流程是供应链合规管理体系的基础，明确了企业在供应链各个环节中的行为准则和操作规程。通过制定详尽的采购、生产、物流等环节的合规要求，企业可以确保供应链活动的合规性，避免触犯法律法规，降低潜在的法律风险。

建立风险评估机制是供应链合规管理体系中不可或缺的一环。企业需要对供应链中的各个环节进行全面的风险评估，识别潜在的合规风险点，并制定相应的风险应对措施。这一机制有助于企业及时发现并应对潜在的风险，减少合规问题的发生，保障供应链的稳定性。

设立合规监督机构也是供应链合规管理体系中的重要组成部分。合规监督机构负责监督企业供应链的合规性，确保合规政策和流程得到有效执行。通过定期的检查、审核和评估，合规监督机构能够及时发现并纠正不合规的行为，保障企业运营的合规性。

加强合规培训和宣传也是提升供应链合规管理水平的关键措施。通过培训，企业可以提高员工的合规意识，使员工能够自觉遵守合规要求，避免违规行为的发生。而宣传则可以帮助企业营造良好的合规氛围，增强员工对合规工作的认同感和责任感。

建立合规信息系统也是供应链合规管理体系中的重要一环。通过合规信息系统，企业可以实时收集、整理和分析供应链中的合规数据，为企业的合规决策提供数据支持。同时，合规信息系统还可以帮助企业实现供应链的透明化和可追溯性，提高供应链的合规管理水平。

深度评估与选择，确保供应商合规性的关键步骤

某科技公司采取了严格的供应商评估与选择流程，以确保供应链的每个环节都符合相关法规和标准。该公司首先制定了详细的供应商评估标准，包括质量管理、环境保护、劳动权益等方面。随后通过市场调研和实地考察，筛选出了一批潜在的优质供应商。在最终选择时，该公司不仅考虑了供应商的产品质量和价格，更重视其合规性和社会责任感。通过这一流程，该公司成功构建了一个高效且合规的供应链体系，有效降低了潜在风险，提升了企业整体竞争力。

这家科技公司的案例充分展示了商业模式设计与供应商选择之间的协同作用。这种协同不仅有助于该公司实现其商业目标，也为供应商提供了更多的发展机会。这种相互支持、共同发展的关系，是该公司能够在全球消费电子市场中保持领先地位的关键所在。

▶ 商业模式设计与供应商选择的协同

商业模式设计是企业实现价值创造和盈利的核心。在商业模式设计的过程中，供应商的选择是至关重要的一环。合适的供应商能够为企业提供高质量的产品和服务，支持商业模式的实施，并为企业创造竞争优势。因此，商业模式设计需要充分考虑供应商的选择，确保供应商与商业模式设计相契合。

在商业模式设计的初期阶段，企业就需要明确自身的需求和目标，包括产品质量、交货时间、成本控制等方面。同时，企业还需要对市场和竞争对手进行深入分析，了解市场需求和竞争态势。这些分析结果将作为供应商选择的重要参考依据，帮助企业选出符合自身需求和目标的供应商。

▶ 深度评估与选择供应商的关键步骤

深度评估与选择供应商是确保供应商合规性和可靠性的重要手段。

某家制造业企业生产的产品需要使用到铝材、钢材、塑料等原材料，且采购量较大。为了选择合适的供应商，企业老板大伤脑筋。

我建议他，要对供应商做好评估和选择。企业老板接受了我的建议，着力做了以下一些工作。

（1）确定供应商选择标准。该企业的供应商选择标准包括：产品质量、价格优势、交货期、供应能力和服务水平。

（2）供应商的选择。该企业选择供应商时，综合考虑了以下几个因素：

产品质量。企业通过查看供应商的质量认证证书、参观生产现场和与其他客户联系等方式，对供应商的产品质量进行了评估。

价格优势。与供应商协商价格时，考虑到长期合作的可能性，确保价格长期稳定。

交货期。询问供应商的生产周期和交货周期，与其签订交货期限和罚款条款，确保供应商能够按时交货。

供应能力。了解供应商的生产规模和产能，确保供应商能够满足企业的需求。

服务水平。了解供应商的售前咨询和售后服务水平，与供应商沟通配合的效率和灵活性，重视供应商的信誉度和口碑，以免与不良供应商合作导致损失。

（3）供应商评估和管理。企业对供应商进行定期的评估和管理，具体包括：评估供应商的绩效；与供应商保持持续的沟通和配合；对供应商进行分类管理；定期进行评估和审核。通过以上操作，该企业成功制订了实物备料计划，确保了生产过程中所需物料的及时供应，满足了生产计划的实现。

这些措施保证了供应商合规性，跟供应商建立了良好的协作关系。

由此可见，企业在运营发展过程中，要充分考虑供应商的选择，通过对供应商的信誉评估、能力评估、风险评估和合作伙伴评估、绩效考核评估，以及合规性评估等手段，选出与企业需求相匹配的供应商，优化供应链管理，确保供应链的可靠性和稳定性。这对于企业的长期发展和竞争优势具有重要意义。

评估供应商信誉，需要通过调查供应商的历史业绩、客户满意度和声誉等信息，了解供应商的信誉水平。信誉良好的供应商通常能够提供更可靠的产品和服务。

评估供应商能力，要关注生产能力、供应链管理能力和创新能力等方面，确保供应商具备满足企业需求的能力。这包括了解供应商的生产线、设备、技术水平以及研发能力等信息。

评估供应商风险，要关注其财务状况、供应链风险和地理位置等方面。了解供应商的经营稳定性、供应链的可靠性和潜在的外部风险，以确保供应链的可靠性和稳定性。

评估供应商合作伙伴的合作潜力和可持续性，包括了解供应商的企业文化、合作意愿和长期合作能力等方面。选择与企业价值观相契合、合作意愿强烈的供应商，有助于建立长期稳定的合作关系。

针对供应商的绩效考核，要制定明确的绩效指标，定期对供应商进行考核评估。通过绩效考核，了解供应商在合作过程中的表现，及时发现问题并进行改进。同时，绩效考核结果也可作为与供应商进行合作的基础和依据。

合规性包括供应商遵守法律法规、行业规范和商业道德等方面。在评估过程中，要求供应商提供相关的合规证明文件，如质量管理体系认证、环保认证等，这是供应商合规性的重要依据。同时，通过加强与供应商的沟通和合作，了解供应商的生产过程、供应链管理等方面的信息，从而使企业发现潜在的风险和问题，并及时采取措施进行改进。此外，建立合规监督机制，对供应商的合规性进行定期检查和评估，可以确保供应商始终遵守相关法规和规范，维护供应链的合规性和稳定性。

全球供应链合规性管理的挑战与全球化策略应对

跨国电子制造公司汇智科技通过综合考虑商业模式设计与供应链管理的合规性，成功应对了全球供应链合规性管理的挑战。首先，公司建立了一个全球供应链合规性管理体系，该体系覆盖了从供应商选择、原材料采购、生产制造到物流配送等整个供应链流程。在这个体系中，汇智科技明确规定了各个环节的合规性要求，并制定了相应的操作指引和监管措施。其次，在选择供应商时，公司非常注重供应商的合规性。该公司会对供应商进行严格的筛选和评估，确保其具备符合要求的资质和认证，并遵守相关的法律法规和行业标准。同时，还会与供应商建立长期稳定的合作关系，通过共享信息、加强沟通和协作，共同提高供应链的合规性水平。此外，公司还加强了内部合规性培训和宣传。通过定期培训和宣传，该公司提高了员工对供应链合规性的认识和重视程度，使员工能够自觉遵守合规要求，并在工作中积极推广合规文化。

汇智科技的这些做法不仅确保了供应链管理的合规性，还有效地提升了其商业模式设计的成功实施。这一案例充分展示了在全球化背景下，商业模式设计与供应链管理的合规性之间的紧密关系以及企业如何制定并实施有效的全球化策略来应对挑战。

▶ 全球供应链管理面临的合规性挑战

在全球经济一体化的大潮中，供应链管理逐渐变得错综复杂，特别是面临着来自多个维度的合规性挑战。这些挑战不仅考验着企业的运营效率和成本控制能力，更对企业的商业模式灵活性和适应性提出了严峻的要求。

法律法规差异是全球供应链管理面临的一大难题。不同国家和地区的法律法规千差万别，企业在全球范围内开展业务时，必须确保供应链的每一个环节都严格遵循当地的法律要求。这意味着企业需要具备高度的法律意识，深入了解各国法律法规的细微差别，并灵活调整自身的商业模式以适应这些差异。这种对法律知识的广泛涉猎和深刻理解，无疑对企业提出了更高的要求。

知识产权和数据保护也成为全球供应链管理中的重要议题。在全球供应链中，知识产权是企业创新成果的体现，而数据则是企业运营和决策的重要依据。因此，保护知识产权和遵守数据保护法规成为企业商业模式设计的核心要素之一。企业需要确保在保护自身知识产权的同时，也尊重他人的知识产权，避免侵犯他人权益。同时，企业还需要遵守各国的数据保护法规，确保客户数据的安全和隐私，以维护品牌形象和客户信任。

随着消费者对供应链透明度的要求日益提高，企业也面临着建立可追溯供应链体系的挑战。消费者越来越关注产品的来源、生产过程和运输方式等信息，希望了解产品背后的真实情况。为了满足消费者的需求，企业需要建立可追溯的供应链体系，确保供应链的合规性和可持续性。这不仅要求企业具备强大的信息技术支持，还需要与供应商、物流商等合作伙伴建立紧密的合作关系，共同打造透明、可信赖的供应链体系。

▶ 对合规性挑战的全球化策略应对

在全球化浪潮中，面对日益复杂的合规性挑战，企业需采取一系列全球化策略来确保业务的顺利进行和供应链的稳健运行。

整合全球资源是应对合规性挑战的重要一环。在商业模式设计中，企业应考虑到充分利用全球范围内的原材料、劳动力和技术等资源，以优化供应链结构，降低成本，并降低合规性风险。通过在全球范围内寻找合作伙伴，企业可以获取更广泛的资源支持，同时更好地理解和适应不同国家和地区的法律法规要求。

建立全球合规性管理体系是确保企业业务合规性的关键。企业应制定全面的全球合规性政策、流程和标准，确保在全球范围内的业务活动都符合相关法规要求。这包括深入了解各国法律法规，确保企业在各个环节都遵循当地法律，避免潜在的法律风险。同时，企业还应建立有效的合规性培训和意识提升机制，提高员工对合规性要求的认知和理解，确保员工能够自觉遵守相关法规。

利用新技术也是应对合规性挑战的重要手段。借助大数据、人工智能等先进技术，企业可以实时监控供应链的各个环节，提高合规性管理的效率和准确性。这些技术可以帮助企业快速识别潜在的风险点，并及时采取相应的措施进行防范。同时，这些技术还可以帮助企业优化供应链结构，降低合规性风险，提高企业的运营效率和市场竞争力。

强化供应链合作伙伴关系也是应对合规性挑战的重要策略。企业应与供应商、物流商等合作伙伴建立长期稳定的合作关系，共同应对合规性挑战。通过建立供应商合规性评估机制，企业可以确保合作伙伴符合相关法规要求，从而降低企业的合规性风险。同时，与合作伙伴共同制订合规性计划和措施，可以更好地确保整个供应链的合规性和可持续性。

将合规性融入企业文化和价值观也是至关重要的。企业应将合规性作为企业文化和价值观的重要组成部分，通过企业文化的引导，使员工自觉遵守相关法规。企业可以通过培训、宣传等方式，加强员工对合规性要求的认知和理解，提高员工的合规意识和能力。同时，企业还应建立相应的激励机制，鼓励员工积极参与合规性管理，共同维护企业的合规形象。

遵循产品质量与法规，打造可信赖的供应链生态

在商业模式设计与供应链管理合规的大框架下，现实中确实有一些公司做得十分出色。例如，深圳市怡亚通供应链股份有限公司通过提供一站式的供应链管理解决方案，帮助客户实现供应链的合规性和可持续性。该公司注

重与供应商和客户的合作,通过建立长期稳定的合作关系,共同应对供应链管理的挑战,确保供应链的顺畅运作。再如,物产中大集团股份有限公司通过整合内外部资源,构建了一个高效、协同的供应链网络,为客户提供全方位的供应链管理服务。在供应链管理合规性方面,物产中大集团注重建立严格的质量管理和法规遵从体系,确保产品和服务的质量符合相关标准和法规要求。

这些公司通过明确的商业模式设计、严格的质量管理和法规遵从体系、与供应商的良好合作以及持续改进和创新等措施,成功构建了符合法规要求、赢得消费者信任的供应链生态。这些做法对于其他企业也具有借鉴意义。

▶ 明确产品对应的质量标准和相关法规

在全球化的商业环境中,各个国家和地区都针对不同类型的产品设定了特定的合规性标准,这些标准涵盖了质量、安全、环境等多个方面。供应链中的企业要想在市场中立足并获得成功,首先必须确保其产品符合这些相关要求,以满足市场准入的基本条件。因此,在商业模式设计之初,企业必须清晰地定义其产品或服务,并深入研究和识别与之相关的所有质量标准和法规要求。

这一过程中,企业不仅要关注如 ISO 9001、FDA、CE 等产品质量与安全标准,还需要对环保法规和消费者权益保护法规给予足够的重视。这些标准和法规不仅关乎产品的质量和安全,也涉及企业的社会责任和可持续发展。因此,企业需对这些标准和法规进行深入研究,确保在商业模式设计过程中能够充分考虑并遵从这些要求。通过这一做法,企业不仅可以提升产品的竞争力,还能够赢得消费者的信任,为企业的长期发展奠定坚实的基础。

▶ 将质量标准和法规要求融入商业模式设计

将质量标准和法规要求融入商业模式设计的过程,是企业实现长期可持续发展的关键步骤。首先，在商业模式设计的初期阶段，企业应当全面考虑产品所必须遵循的质量标准和法规要求。这不仅涉及产品的功能性设计，更包括对产品的安全性、环保性和合规性的深入考量。在产品设计阶段，企业需要通过细致的市场调研和法规分析，确保产品能够在满足消费者需求的同时，也符合国家和地区的法规要求。

此外，在商业模式设计的供应链环节，企业同样需要将质量标准和法规要求作为重要的考量因素。在选择供应商时，企业应当建立严格的评估体系，将供应商的质量管理体系、法规遵从情况等因素纳入考量范围。这样不仅可以确保供应链中的产品和服务质量，还能有效规避潜在的法律风险。同时，企业还应与供应商建立紧密的合作关系，共同制定和执行质量标准和法规要求，以确保整个供应链的合规性和稳定性。通过这种方式，企业可以打造出一个既符合法规要求又能够赢得消费者信任的商业模式，为企业的长期发展奠定坚实的基础。

➢ 建立严格的质量管理和法规遵从体系

建立严格的质量管理体系是确保商业模式和供应链合规性的基石。这要求企业从原材料采购到产品交付的每一个环节都实施严格的质量控制。首先，企业应制定明确的产品质量标准，这些标准应涵盖产品性能、可靠性、安全性等多个方面，并符合国际和行业的通行规范。其次，企业应建立完备的质量检测体系，对原材料、半成品和成品进行定期或不定期的严格检测和测试，确保产品符合质量标准。同时，企业还应加强对生产过程的监控，及时发现并纠正可能存在的质量问题。

除了质量管理体系，企业还需要建立完善的法规遵从体系，以确保在供应链运营过程中不违法、不违规。这要求企业全面了解和掌握与业务相关的各项法律法规，包括产品质量法、环保法、劳动法、知识产权法等。在此基础上，企业应建立相应的内部制度，确保员工在供应链运营过程中遵守相关法规。此外，企业还应建立与政府部门、行业协会等外部机构的沟通渠道，及时获取最新的法规动态,以便及时调整和完善自身的法规遵从体系。通过建立严格的质量管理和法规遵从体系,企业可以确保商业模式和供应链的合规性,为企业的长期稳定发展提供有力的保障。

▶ 加强供应链管理与供应商合作

加强供应链管理与供应商之间的合作,对企业来说至关重要。为了实现这一目标,企业首先需要对供应商进行全面的了解和严格的评估。这不仅涉及对供应商的产品质量、生产能力、交货期等方面的考量,还包括对其法规遵从情况、质量管理体系的深入探究。通过这一系列的评估,企业可以筛选出能够提供符合质量要求和法规要求的产品和服务的供应商,从而确保整个供应链的稳定性和高质量。

在确保供应商质量的基础上,企业应与供应商建立更为紧密和深入的合作关系。这包括定期的沟通会议,以及针对市场变化和法规挑战的联合应对策略制定。通过与供应商的紧密合作,企业不仅能够更好地了解供应商的生产和运营情况,还能够及时获取关于产品质量、市场需求、法规变动等方面的最新信息。这种深度的合作不仅有助于提升供应链的响应速度和灵活性,还能够在面对市场各种挑战时,迅速调整策略,确保供应链的稳定性和可持续性。

▶ 建立快速响应机制与风险管理体系

某集团为了进一步实现"强内控、防风险、促合规"的目标,保障企业向高质量发展快速跃升,找到了我,让我提供一些建议。

我慷慨解囊,建议他们在现有的风险、内控、合规、法务管理体系基础上,建立快速响应机制。企业领导接受了我的建议,完善了企业的风险管理体系,具体措施如下。

(1)确定集团的管控要求和职能管理规划,建立一体化风险管理组织,夯实一体化管理的组织保障,明确领导责任,确保各级、各部门的管理职能。

（2）以集团战略为导向，结合集团"风险、内控、合规和法务"方面的现状和实际需求，以"内控流程"为核心，以"风险防控"为目标，开展体系融合建设。

（3）以"风险防控"为目的，以"风险管理目标和绩效目标"为导向，以"业务执行"为载体，搭建有机融合的风险管理体系，形成一体化协同机制。

通过以上操作，该集团获得如下价值：摸清了风险家底，夯实了一体化基础，明确了责任；形成了"一体化"体系框架，完善了体系建设方案；梳理出以"风控目标和绩效目标"为导向的运行机制，完善了管理制度体系及支撑体系。

为了确保在出现产品质量或存在法规遵从性问题时能够迅速应对，企业需要建立一套高效的快速响应机制。这一机制应涵盖从问题发现、分析、决策到执行的整个流程。当问题出现时，企业能够迅速启动响应机制，组织相关部门和人员进行紧急处理，及时采取措施进行纠正和改进，从而避免问题进一步扩大。通过快速响应，企业能够减少因问题处理不及时而带来的损失，并维护良好的企业形象和客户关系。

除了快速响应机制，企业还需要建立一套完善的风险管理体系，以识别和评估供应链中可能存在的风险。这一体系应包括风险识别、评估、监控和应对等多个环节。企业应对供应链中的各个环节进行深入分析，识别出可能存在的风险因素，如供应商质量问题、物流延误、市场需求变化等。然后，企业需要对这些风险进行评估，确定其可能性和影响程度，并制定相应的应对策略和预案。通过构建风险管理体系，企业能够提前预防和应对潜在的风险，确保供应链的稳定性和可持续性。

提升透明度，建立供应链合规性监控与报告机制

比亚迪是一家在新能源汽车领域领先的企业，其商业模式涵盖了从电池研发、整车制造到销售和服务的全产业链。在供应链管理方面，比亚迪注重与供应商建立长期稳定的合作关系，确保供应链的稳定性和合规性。比亚迪与供应商签署了《绿色供应链管理合同》。该合同要求供应商遵守国家环保法规、减少排放、改善工艺和生产方式，并提供必要的环保证书。比亚迪积极接受监管机构的监督并通过多项安全认证，这证明了比亚迪对合规性和数据安全的高度重视。目前，比亚迪已获得 R155（CSMS）、R156（SUMS）体系认证等安全认证，并通过了国家信息安全等级保护三级认证。

比亚迪的案例展示了其在新能源汽车领域的领先性和对供应链管理的深刻洞察。比亚迪的商业模式涵盖了从电池研发、整车制造到销售和服务的全产业链，这种一体化的商业模式使得比亚迪能够对其供应链的每一个环节，如与供应商的合作、接受监管机构的监督并通过多项安全认证等都保持高度的透明度。这种透明度不仅有助于比亚迪更好地掌握供应链的运行状况，还能够及时发现并解决潜在的问题。

▶ 商业模式设计与供应链透明度提升

在构建商业模式时，供应链透明度的重要性不容忽视。透明度是企业做出明智决策的基础，它能够让企业洞察供应链的每个细节，从而更有效地管理风险、优化资源分配，并提高运营效率。设计合理的商业模式能够推动供应链透明度的提升，而透明度的提升又有助于优化商业模式的运作效率和风险管理。

为了实现供应链的高透明度，企业在设计商业模式时应充分考虑采用先

进技术、加强供应商管理以及建立内部监控机制等策略。这些策略的实施将有助于企业洞察供应链的细微变化，优化资源配置，提升运营效率，从而在激烈的市场竞争中立于不败之地。

先进技术是提升供应链透明度的关键驱动力。例如，物联网技术能够实时监控货物的流动状态，确保信息的实时更新和准确性。大数据技术的应用则使企业能够深入挖掘供应链中的数据宝藏，通过数据分析预测市场需求，从而优化库存管理和物流计划。此外，人工智能技术的引入，让供应链管理更加智能化和高效化，帮助企业自动识别并解决潜在问题，降低运营风险。

除了利用先进技术，加强供应商管理也是提升供应链透明度的重要一环。与供应商建立紧密的合作关系，要求其提供详细的生产、质量、交货等信息，有助于企业全面了解供应链的运行状况。同时，定期对供应商进行评估和审计，确保其符合企业的要求和标准，从而保障供应链的可靠性和稳定性。这种紧密的合作关系将促进双方之间的信任和理解，共同应对市场变化和风险挑战。

建立内部监控机制对于提升供应链透明度同样至关重要。企业应成立专门的供应链监控团队，负责监控供应链的各个环节，确保合规性和稳定性。这些团队需要具备专业的知识和技能，以便准确识别潜在的风险和问题，并及时采取措施进行解决。通过内部监控机制的实施，企业可以实现对供应链的全面掌控，确保供应链的顺畅运行和高效协同。

▶ 构建供应链合规性监控与报告机制

构建供应链合规性监控与报告机制，需要制定明确的合规政策、成立专门的监控团队、建立报告制度以及及时处理违规行为，企业可以全面提升供应链的合规性水平，为企业的可持续发展奠定坚实的基础。

制定明确的合规政策，应根据企业的商业模式和供应链特点来制定，确保供应链的各个环节都符合产品质量、安全、环保等方面的要求。合规政策应明确界定供应链的合规标准和要求，为企业内部的监控和报告工作提供明确的指导。

成立专门的监控团队是确保政策得以执行的关键。这个团队应由具备相关专业知识和技能的人员组成，他们负责定期检查供应链的合规情况，及时发现潜在的风险和问题。监控团队应与企业内部的其他部门保持密切沟通，确保信息的及时传递和共享。

在监控过程中，建立报告制度至关重要。企业应要求供应链各环节定期提交合规性报告，详细说明各自的合规情况。这些报告应包括关键数据、改进措施以及未来计划等信息，以便企业全面了解供应链的合规状况。通过对这些报告的定期审查和分析，企业可以及时发现并纠正潜在的问题，确保供应链的合规性和稳定性。

然而，即使有了完善的监控和报告机制，违规行为仍可能难以避免。一旦发现违规行为，企业应迅速采取措施进行处理，包括警告、罚款、取消合作等措施，以维护企业的声誉和信誉。同时，企业还应将处理结果及时报告给相关监管部门，确保企业的合规性得到监管部门的认可和支持。

强化供应链合规文化：培养法规意识，制定行为准则

A公司是一家知名的电子产品制造商，为了应对近年来供应链中存在的使用童工、环境污染等一些不合规行为，决定打造强大的供应链合规文化，确保供应链的每一个环节都符合道德、法律和环境保护的标准。公司首先制定了一套全面的供应链合规框架，明确了合规性的要求、标准、程序和责任人。该框架涵盖了从原材料采购到产品生产的每一个环节。为了提升供应链各个环节员工的合规意识，公司制订了一系列培训计划。这些计划包括线上课程、现场培训和案例研究等，旨在让员工深入理解供应链合规性的重要性和实践方法。同时，公司还专门设立了一个由资深专家组成的合规团队，负

责监督供应链的合规性。该团队与供应商保持密切沟通,定期进行合规性检查和审计。为了鼓励供应商积极遵守合规要求,公司设立了一套激励机制,对于长期保持合规性的供应商给予更多的业务机会和优惠条件。公司还积极与供应商、行业协会、政府和非政府组织等建立合作关系,共同推动供应链合规性的提升。通过定期举办研讨会、分享会等活动,公司与各方分享经验、交流信息,共同应对挑战。

经过几年的努力,A公司的供应链合规文化取得了显著成果。通过严格的合规性检查和审计,公司成功识别并纠正了供应链中的不合规行为。如今,其供应链的合规性已达到行业领先水平。随着合规性的提升,公司的声誉得到了恢复和提升。消费者和投资者对A公司的信任度增加,公司的市值和股价也随之上涨。通过打造供应链合规文化,公司不仅提升了自身的竞争力,也为整个行业的可持续发展做出了贡献。其经验和做法为越来越多的企业所借鉴和学习。

案例中的A公司通过强化供应链合规文化,成功应对了供应链合规性方面的挑战。这一成功案例为其他企业提供了有益的启示:在全球化的今天,供应链合规性已成为企业成功的关键因素之一。建设合规文化可以帮助企业实现各个环节的合规性,确保产品质量安全、环境保护、劳动权益保障等方面符合要求,提高企业的综合竞争力和社会形象。同时,通过培训和教育,普及合规知识,还可以使员工形成合规的行为习惯,减少违规行为的发生,降低企业的法律风险和经营风险。

▶ 商业模式设计与法规意识的培养

在商业模式设计的过程中,培养供应链团队的法规意识是确保整个模式合法合规运行的关键。首先要将法规融入设计。在商业模式设计的每个阶段和环节,都应充分考虑相关的法律法规要求。这包括价值主张、关键活动、关键资源和关键合作伙伴的选择,都要确保符合法律法规的规定。

在商业模式设计之初,进行法规风险评估也是非常重要的。这可以帮助企业识别潜在的法律风险，从而在设计中采取相应的措施进行预防和规避。此外，为供应链团队提供定期的法规教育培训，确保其了解并熟悉与供应链相关的法律法规。这不仅包括基本的法律知识，还包括如何在实际操作中应用这些知识。

➤ 商业模式设计与行为准则的制定

在商业模式设计中，制定明确的供应链行为准则是强化合规文化的关键。行为准则可以规范团队成员的行为，确保其在工作中始终遵循合规要求。

行为准则应与商业模式设计紧密匹配，确保在关键活动、关键资源和关键合作伙伴的选择中，都有明确的合规要求和行为规范。在制定行为准则时，企业应明确列出与供应链相关的合规要求，如供应商选择标准、采购流程、质量控制、知识产权保护等。这些要求应具体、明确，便于团队成员理解和执行。行为准则中还应建立明确的奖惩机制。对于遵守行为准则、表现优秀的员工或合作伙伴，应给予相应的奖励；对于违反行为准则、造成损失的员工或合作伙伴，应给予相应的惩罚。这样能激励团队成员自觉遵守行为准则，形成良好的合规氛围。

第九章
商业模式设计与数据保护
及信息安全合规

　　商业模式设计中的数据保护的考虑，有助于筑牢数据安全基石及驱动企业合规发展。构建全面的数据保护合规策略与管理体系，是确保企业合规运营的关键，准确评估和有效预防信息安全潜在风险至关重要。除此之外，保护用户数据隐私及合规性、把控数据访问权限、利用加密技术保障数据传输与存储安全，以及制订数据泄露事件应对计划，共同构成了企业数据保护与信息安全合规的坚实防线。

商业模式与数据保护：筑牢安全基石，驱动合规发展

2022年12月发布的《中共中央 国务院关于构建数据基础制度更好发挥数据要素作用的意见》，旨在强调从监管红线、数据全流程合规监管、企业数据安全责任、数据登记及披露制度等方面强化数据安全保障制度。原创力文档（book118）于2023年11月4日发表的《个人信息保护对数据驱动商业模式的影响研究》一文指出，个人信息保护不仅是道德伦理问题，也是商业模式可持续发展与用户信任关系的问题。文章提到，个人信息保护的法律与规范对于商业模式的运营具有指导和约束作用，而且保护个人信息可以提升用户体验，提高用户的满意度。

研究表明，数据保护不仅要进行制度化建设，也应该成为商业模式设计的重要考量。因此，本书认为，商业模式中对于数据保护的考虑，关键是通过筑牢数据安全基石和驱动企业合规发展两个方面的工作，只有这样，才能使企业在保障数据安全的同时实现商业模式的创新和发展。

▶ 筑牢数据安全基石：企业数字化转型中商业模式设计的关键考量

在数字化转型的浪潮中，企业面临着前所未有的机遇与挑战。随着数据成为企业运营的核心驱动力，商业模式设计也必须将数据安全纳入其关键考量。筑牢数据安全基石，不仅是企业数字化转型的必然选择，更是商业模式设计中不可或缺的一环。

在商业模式的设计过程中，数据安全不仅是一个技术问题，更是一个战略问题。确保数据的完整性、可用性、机密性和合规性，是企业实现商业目

标、保持竞争力的基础。因此，在构建商业模式时，企业需充分考虑如何采取一系列技术措施来保障数据安全。

这些技术措施包括但不限于先进的数据加密技术、防火墙、入侵检测系统等。它们如同企业的数字守卫者，为数据穿上了一层坚不可摧的盔甲，有效防止了数据在传输和存储过程中被窃取或篡改。此外，建立数据备份和恢复机制也是至关重要的一环，它为企业数据搭建了一个安全港湾，确保在遭遇意外情况时能够迅速恢复数据，保障业务的连续性。

然而，技术措施只是保障数据安全的手段之一，管理策略同样重要。在商业模式设计中，企业需要制定严格的数据管理制度，明确数据的使用范围、访问权限和保密要求。这些规定如同企业的内部法律，确保每一位员工都能清晰地知道如何正确使用和保护数据。同时，加强员工的数据安全意识培训也是必不可少的，只有让每一位员工都明白数据保护的重要性，自觉遵守相关规定，才能从源头上防止因人为因素导致的数据安全事件。

▶ 驱动企业合规发展：数据保护在商业模式设计中的核心角色

在当今复杂多变的商业环境中，合规性已成为商业模式设计中不可忽视的一环。数据保护，作为合规性的重要组成部分，在商业模式设计中占据核心角色。通过加强数据保护，企业不仅能够实现合规性经营、提升信誉和吸引优质客户，还能够推动创新发展、增强核心竞争力。在未来的商业竞争中，注重数据保护的企业将更具竞争力，实现更加稳健和可持续的发展。

数据保护强调遵守法律法规。在商业模式设计中，企业需充分考虑国家及行业的数据保护法规，确保数据处理和使用的每个环节都合法合规。这意味着企业需规范个人信息的收集、使用、存储和传输，避免任何可能的违规行为发生。遵循这些法规，企业不仅能够避免罚款和诉讼等风险，还能够确保在法律框架内稳健运营，为企业的长期发展奠定坚实的基础。

数据保护能够提升企业的信誉。在竞争激烈的市场环境中，企业的信誉是吸引客户和合作伙伴的关键因素之一。通过加强数据保护，企业能够展现其对客户隐私和安全的重视，从而赢得客户的信任和支持。这种良好的社会形象将进一步增强企业的市场竞争力，吸引更多优质客户和合作伙伴，为企业的发展注入新的活力。

数据保护有助于促进企业的创新发展。在合规的前提下，企业可以更加大胆地探索新的商业模式和创新应用。通过对合规数据的深入分析和挖掘，企业可以发现新的市场机会、优化产品和服务、提升运营效率等。这些创新不仅有助于企业拓展市场份额、提高盈利能力，还能够增强企业的核心竞争力，实现可持续的竞争优势。

构建全面数据保护合规策略与管理体系

无论是大型公司还是中小型企业，在商业模式设计过程中都应充分考虑数据保护的需求和限制，制定并执行全面的数据保护合规策略和管理体系。例如某金融科技创业公司在金融科技领域，特别是移动支付和数据分析方面，从一开始就明确了数据保护的重要性，并在其商业模式中精确地定位了合规策略。考虑到公司的规模和资源限制，该公司并没有采取复杂繁重的合规措施，而是建立了一套轻量级但高效的数据保护合规体系，包括数据加密、访问控制、数据备份和恢复等。该公司还定期为员工举办数据保护和合规培训，确保员工了解并遵守相关的法律法规和内部政策。再如，某小型健康科技公司专注于健康数据的收集和分析，非常重视用户隐私的保护。它在商业模式中明确规定了用户数据的收集、使用和保护方式，确保用户数据的安全和合规。在管理上，该公司通过技术手段简化合规流程，如自动化数据审计、智能风险识别等，降低了合规成本并提高了效率。又如，欧洲有一家初创软件公司非常注重通用数据保护条例（GDPR）的合规要求。它建立了一套完整的 GDPR 合规策略和管理体系，包括用户数据访问控制、数据泄露报告、数据主体权利保护等。该公司强调透明度和用户控制，向用户明确说明其数据收集、使用和处理的方式和范围，并提供用户数据访问、更正和删除的功能。

这些案例表明，企业在设计商业模式时，必须将数据保护作为一个核心组成部分来加以考虑，不仅可以为企业创造更多的商业价值，还可以确保数据的安全和合规，提升企业的声誉和竞争力。

▶ 数据保护合规策略对商业模式的影响

数据保护合规策略的制定和执行在商业模式中扮演着举足轻重的角色。

首先，合规策略直接关联商业模式的可行性。在当今日益严格的法规环境下，企业必须确保其数据处理和使用活动严格遵循相关的法律法规和行业标准。这不仅是对企业的基本要求，更是企业能够持续、稳定运营的必要条件。通过制定和执行合规策略，企业能够确保自身在数据使用上的合法性，避免因违规操作而面临的法律风险和处罚，从而保证商业模式的可行性。

其次，数据保护合规策略对商业模式的竞争力具有深远影响。在竞争激烈的市场环境中，企业的信誉和品牌形象是其吸引和留住客户的重要因素。通过遵循数据保护合规策略，企业能够向外界展示其对数据安全和隐私的承诺，从而赢得客户的信任和好感。这种信任关系的建立将有助于企业吸引更多的目标客户，扩大市场份额。同时，良好的数据保护实践还能够提高企业的运营效率，减少因数据泄露和滥用而引发的风险，进一步提升企业的竞争力。

因此，数据保护合规策略的制定和执行不仅关乎企业的合规性，更影响着企业的声誉、品牌形象以及市场竞争力。在商业模式的设计和执行过程中，企业应充分认识到数据保护合规策略的重要性，并将其纳入商业模式的核心考量因素，以确保企业的长期稳健发展。

▶ 商业模式设计中的数据保护视角

商业模式设计的过程不仅是对企业运营逻辑和盈利模式的规划，更是对风险控制和合规性管理的全面考量。在这个过程中，数据保护作为至关重要的一环，其影响深远而广泛。数据不仅是企业运营的核心资产，也是商业模式成功的关键因素之一。因此，在商业模式设计之初，就应将数据保护作为核心考量因素，尤其是对商业模式的基本要素中的价值主张、关键活动、重要伙伴的考量。

从价值主张的角度看，强调数据的安全性和隐私性是吸引和保持客户信任的关键。在当今数据驱动的商业环境中，客户对数据的保护意识日益增强，对数据安全和隐私的关注成为选择合作伙伴和产品服务的重要考量因素。因此，在商业模式设计中应明确将数据保护作为价值主张的核心，以满足客户的需求和期望。

在关键活动方面，商业模式设计应明确数据收集、使用、存储和传输的合规流程。这包括建立严格的数据管理制度、规范数据的处理和使用行为、确保数据的合法性和合规性。同时，通过技术手段和管理策略的结合，构建多层次的数据保护防线，降低数据泄露和滥用的风险。

在选择重要伙伴时，商业模式设计应考虑合作伙伴的数据保护能力和合规性。与具有良好数据保护实践的合作伙伴建立合作关系，将为企业提供更可靠的数据支持，并增强企业的数据保护能力。同时，这也将促进整个产业链的数据保护合规性提升，共同构建一个安全、可信的商业环境。

> ## 商业模式与数据保护管理体系的协同

商业模式与数据保护管理体系的协同是企业实现持续稳健发展的重要保障。它可以在确保数据安全和合规的同时，实现商业模式的优化和创新，为企业带来更大的竞争优势和长期价值。

商业模式的设计需要深入考虑数据保护的需求和限制。这意味着企业在设计商业模式时，要全面评估数据使用的各个环节，确保商业活动符合数据保护法规和行业标准的要求。这不仅可以降低企业因数据违规而面临的风险，还能为企业树立良好的社会形象，赢得客户的信任。

数据保护管理体系需要为商业模式的执行和优化提供有力的支持。一个健全的数据保护管理体系能够帮助企业实现数据的合规使用和安全管理，确保数据在传输、存储和处理过程中的完整性和机密性。通过数据保护管理体系，企业可以实时监控数据的使用情况，及时发现潜在的风险和问题，并采取相应的措施解决。这种动态的管理方式可以为企业带来更大的灵活性，使其能够根据市场需求和业务变化快速调整商业模式，实现持续的创新和发展。

信息安全潜在风险的评估与预防机制

在商业模式设计的过程中，信息安全潜在风险的评估与预防机制是一个重要的议题。例如，有一家互联网金融公司采用了多层次安全防护技术，包括数据加密、网络隔离、入侵检测等，确保用户数据在传输和存储过程中的安全。在商业模式设计初期，该公司聘请专业的信息安全团队进行信息安全风险评估，识别出可能存在的安全漏洞和威胁，并制定相应的防范措施。该公司严格遵守国家相关的法律法规和行业标准，确保业务操作的合规性。同时，还建立了完善的合规性管理体系，确保员工在业务操作过程中始终遵循合规要求。

这家互联网金融公司采用的多层次安全防护技术策略是非常值得肯定的。数据加密技术能够确保用户数据在传输和存储过程中不被未经授权的第三方访问或篡改；网络隔离技术则能有效防止外部网络的恶意攻击，保证内部网络的安全；而入侵检测技术则能够实时监测并应对潜在的安全威胁，进一步提升了系统的防御能力。这些技术防范措施共同构成了公司坚固的信息安全防线。在商业模式设计初期聘请专业的信息安全团队进行风险评估，这一做法显示了公司对于信息安全的重视。信息安全风险评估不仅能够帮助公司识别出可能存在的安全漏洞和威胁，还能为后续的防范措施制定提供科学依据。这种前瞻性的做法有助于公司在业务开展之前就做好充分准备，降低潜在的信息安全风险。该公司严格遵守国家相关的法律法规和行业标准的做法，不仅体现了公司对法律法规的尊重，也为其业务的合规性提供了有力保障。同时，建立完善的合规性管理体系能够确保员工在业务操作过程中始终遵循合规要求，降低因违规操作而引发的信息安全风险。此外，合规性管理还能够提升公司的品牌形象和市场竞争力，为其长期发展奠定坚实的基础。

➤ 信息安全潜在风险评估

信息安全潜在风险是多方面的，其中技术风险是信息安全领域的首要问题。新技术在为企业提供便捷和高效的同时，也带来了数据泄露和网络攻击等安全隐患。如果企业的信息系统存在安全漏洞，就如同敞开的大门，让黑客有机可乘。他们可能会利用这些漏洞窃取敏感信息，如客户数据、商业机密等，甚至篡改系统数据，造成无法估量的损失。评估技术风险需要对企业的信息系统进行全面的安全审计，识别可能存在的安全漏洞和潜在威胁。除此之外，也要关注新技术的发展趋势和潜在风险，以便及时调整安全策略。

除了技术风险，管理风险也是企业面临的重要挑战。如果企业没有建立完善的信息安全管理体系，就可能导致管理混乱和安全漏洞的出现。例如，员工在缺乏信息安全意识的情况下，可能会无意间泄露敏感信息，给企业带来严重的后果。此外，如果企业没有制定严格的数据访问权限控制策略，就可能导致数据被非法访问和滥用，进一步加剧安全风险的严重性。评估管理风险需要对企业的信息安全管理体系进行全面的审查，包括员工的信息安全意识、数据访问权限控制策略、安全事件响应机制等方面。同时，还需要关注企业内部的组织结构和业务流程，确保其符合信息安全的要求。

合规风险也是企业不容忽视的问题。随着数据保护法规的不断完善，企业在商业模式设计中必须充分考虑合规性问题。如果企业的商业模式设计违反了相关法律法规，就可能面临法律处罚和声誉损失。这不仅会损害企业的经济利益，还可能影响企业的声誉和形象，给企业带来长期的负面影响。评估合规风险需要仔细研究相关的法律法规和行业标准，确保企业的商业模式符合这些要求。此外，还需要关注法律法规的变化和新的合规要求，以便及时调整企业的业务模式和操作方式。

➤ 信息安全潜在风险预防机制

针对上述技术、管理和合规三个方面的信息安全潜在风险，企业在商业模式设计中必须构建一套完善的预防机制。这不仅涉及技术层面的防范，还需要管理体系的完善和合规性的重视。只有构建了一个全面而有效的信息安全潜在风险预防机制，企业才能在数字化时代稳健发展，确保信息安全无虞。

技术防范是信息安全预防机制的核心。企业应积极采用先进的信息安全技术，如加密技术、防火墙和入侵检测系统等，以构建一道强大的安全防线。这些技术能够保护企业的信息系统免受网络攻击和数据泄露的威胁。同时，企业还应定期对信息系统进行安全评估和漏洞扫描，及时发现并修复潜在的安全问题，确保系统的稳定性和安全性。

管理体系的完善也是预防信息安全风险的关键。企业应建立一套全面而有效的信息安全管理体系，包括制定明确的信息安全政策，建立数据访问权限控制策略，以及加强员工的信息安全培训。通过制定信息安全政策，企业可以明确安全管理的目标、原则和职责，为全体员工提供明确的指导。而数据访问权限控制策略则能够防止数据被非法访问和滥用，确保数据的机密性和完整性。此外，员工的信息安全培训也是非常重要的，通过培训，员工能够增强信息安全意识，掌握正确的安全操作方法，减少因人为因素造成的安全风险。

在商业模式设计中，企业还应注重合规性问题。随着数据保护法规的不断完善，企业在采用新技术或设计新业务流程时，必须先进行法律法规的调研和评估，确保商业模式的合规性。这不仅可以避免企业因违反法律法规而面临法律处罚和声誉损失的风险，还可以增强企业的竞争力和可持续发展力。此外，企业还应定期对商业模式进行合规性审查和评估，确保企业始终遵守相关法律法规，保持与法律法规的同步更新。

关注数据隐私与合规性，确保用户数据隐私安全

知名游戏《堡垒之夜》的开发商 Epic Games，因非法收集儿童个人信息并通过"黑暗模式"向玩家收取不必要、不知情的费用，被美国联邦贸易委员会（FTC）指控。为了解决这些问题，Epic Games 将分两部分支付罚款：一部分是针对违反儿童在线隐私保护条例的 2.75 亿美元，另一部分是针对诱导数以百万计的玩家无意中进行消费的 2.45 亿美元。这起事件不仅对 Epic Games 造成了重大的经济损失，也对其品牌形象和公众信任造成了影响。

这个案例给我们带来的警示意义在于：企业在进行商业活动时，必须确保其操作符合当地及国际的法律法规；企业应建立健全的数据治理体系，包括但不限于数据收集、存储、使用和传输的全过程监控和控制；随着数据成为重要的生产要素，企业管理者需要培养以数据为中心的管理思维，包括利用数据发现问题、分析问题并解决问题。由此可见，数据是企业竞争力的核心要素，用户数据的保护既是企业的道德责任，更是商业模式成功的基石。特别是在数字化浪潮中，商业模式设计不仅仅是对产品、服务和盈利渠道的策划，更需要在其中融入对数据隐私和合规性的深刻考量。

▶ 商业模式设计与"隐私"及"合规"

在商业模式设计中，数据隐私不再是一个独立的话题，而是贯穿于产品研发、市场策略和用户服务的全过程。商业模式中的每一环节都应当充分考虑到数据的机密性和安全性。比如，在设计一个基于用户数据分析的个性化推荐系统时，企业不仅要考虑如何通过算法提升推荐效果，更要思考如何确保用户数据的匿名性和最小化收集原则。此外，用户信任是商业模式设计中

的关键要素。当用户感受到自己的数据得到了妥善保护，他们更愿意与企业分享更多信息，进而形成更加紧密的用户关系。因此，在商业模式设计中，企业需要明确告知用户数据的收集范围、使用目的和存储方式，建立透明、可信赖的数据使用政策。

在商业模式设计中，除了数据隐私设立相关条款予以保证外，还需要确保数据处理活动符合所有适用的法规和标准，这包括数据的收集、存储、使用和传输等各个环节。为了确保数据合规性，商业模式设计需要充分考虑不同国家和地区的法律要求。比如，在设计一个面向全球市场的电商平台时，需要确保平台的数据处理流程符合通用数据保护条例、加州消费者隐私法等不同地区的法律要求。同时，商业模式设计还需要考虑如何建立有效的数据保护措施。这包括数据加密、访问控制、身份验证、数据备份和恢复等一系列技术手段，以确保数据的安全性和完整性。

➤ 确保用户数据隐私安全的实务指南

为了确保用户数据隐私安全，需要将数据隐私和合规性纳入商业模式设计的数据使用、数据加密、访问控制机制等诸多方面，从而使每一个环节都有助于确保用户数据隐私安全。

某大型电商企业拥有海量的用户数据和交易数据，数据安全风险极高。

为了确保用户数据隐私安全，该公司接受我的建议，采用了以下几个关键技术和实践措施。

（1）全面的数据加密。该企业对所有敏感数据进行了全面的加密处理，包括用户个人信息、交易记录等。采用先进的加密算法和密钥管理机制，确保了客户数据在传输和存储过程中的机密性；结合访问控制和权限管理，实现了对数据访问的严格限制，防止了数据泄露和非法访问。

（2）智能化的入侵检测与防御。该企业部署了智能化的入侵检测与防御系统，能够实时监控网络流量和系统行为。采用机器学习和人工智能技术，自动识别出异常流量和攻击行为，并采取相应的防御措施；建立了完善的安全应急响应机制，发生安全事件时能够迅速响应和处理。

（3）灵活的数据脱敏。为了满足不同场景下的数据隐私保护需求，该企业采用了灵活的数据脱敏技术。在测试和开发环境中，通过对敏感数据进行脱敏处理，避免了敏感数据被滥用和泄露的风险；在数据共享和合作中，通过数据脱敏技术，实现了数据的安全共享和利用。

（4）完善的数据备份与恢复体系。该企业建立了完善的客户数据备份与恢复体系，包括定期备份、异地备份和快速恢复机制等，确保了业务的连续性和数据的完整性。

企业通过数据安全关键技术，结合实践案例进行应用，有效保障了客户数据安全，降低了数据泄露和非法访问的风险。

在数字化时代，商业模式设计不仅要追求创新和盈利，更需要在整个过程中坚守对用户数据隐私的尊重和保护。因此，在商业模式设计的初期阶段，就需要明确并公示数据使用政策。这一政策需要详细告知用户，将收集哪些数据、这些数据将被用于什么目的，以及数据将如何被安全地存储和管理。通过清晰透明的数据使用政策，可以让用户了解他们的数据如何被使用，并建立用户对企业的信任。

在数据收集和管理过程中，不是所有的数据都具有相同的敏感性和价值。因此仍需要对数据进行分类和标记，以便确定哪些数据需要额外的保护措施。通过分类和标记，可以为不同类型的数据制定不同的安全策略，确保敏感数据如个人身份信息、财务信息等得到更高层次的安全保障。

数据加密技术是保护用户数据隐私的重要手段之一。在商业模式设计过程中，需要采用先进的数据加密技术，确保数据在传输和存储过程中得到保护。无论是用户信息的传输，还是企业内部数据的存储，都需要通过加密技术来防止数据被未经授权的第三方访问和窃取。这样，即使数据在传输或存储过程中被截获，也无法被未经授权的人员解读和使用。

在数据管理过程中，访问控制是确保数据安全的关键环节。需要实施严格的访问控制机制，限制对数据的访问权限，确保只有经过授权的人员才能够访问敏感数据。通过身份验证、角色授权等手段可确保每个用户只能访问其权限范围内的数据，从而防止数据泄露和滥用。

数据备份和恢复计划是保障数据完整性和可用性的重要措施。在商业模式设计中，需要建立完善的数据备份和恢复计划，确保在发生数据丢失或损坏时能够及时恢复数据。通过定期备份数据、建立多个备份副本、选择可靠的备份存储介质等方式，可以有效保障数据的完整性和可用性，避免因数据丢失而给企业带来损失。

随着数据保护法规的不断完善，企业需要确保数据处理活动符合相关法规和标准。因此，在商业模式设计中，需要定期对数据处理活动进行监控和审计，确保数据的收集、存储、使用和传输等各个环节都符合法规要求。通过监控和审计，可以及时发现潜在的问题和风险，并采取相应的措施进行纠正和改进，确保企业的数据处理活动符合法规要求，避免因违规行为而面临的法律风险。

员工是企业数据处理活动的重要参与者，他们的数据安全意识直接影响到企业的数据安全状况。因此在商业模式设计中，需要加强员工的数据隐私培训，提高全员的数据安全意识。通过培训，员工可以了解数据隐私的重要性、掌握正确的数据处理方法、了解法规要求等，从而在日常工作中自觉遵守数据隐私保护规定，减少因人为因素导致的数据安全风险。

数据访问权限管理:授权与审计的严格把控

在现代信息化社会中,数据权限管理的重要性日益凸显。近期发生的几起案例凸显了数据权限管理不当的严重后果。

某公司因内部员工个人原因泄露了重要数据,导致公司蒙受了巨大的经济损失。这一事件凸显了数据权限管理缺失的严重后果:任何未经授权的员工都有可能访问和操作敏感数据,从而引发不可预知的后果。为了防范此类风险,企业需要构建严谨的数据权限管理系统,对员工进行权限分级,确保数据只能被授权人员访问和操作。

某医院电子病历系统因数据权限管理缺陷,导致患者隐私信息被非法获取和传播。这不仅侵犯了患者的隐私权,也极大地损害了医院的声誉。这一案例警示医疗机构,必须高度重视患者数据的权限管理,建立严格的权限控制机制,确保患者隐私信息的安全。

某银行系统因数据权限管理漏洞,被黑客成功入侵,大量客户个人财务信息被窃取,引发了严重的金融损失和信任危机。这一事件再次提醒,金融机构作为社会经济的核心,必须建立完善的数据权限管理体系,保护客户财务信息的安全。

无数事实证明,数据权限管理在各个领域都至关重要。企业、医疗机构、金融机构等都需要充分认识到数据权限管理的重要性,并建立完善的数据权限管理体系,确保数据的安全性和隐私性。只有这样,才能有效防范数据泄露风险,保护企业和个人的利益。

在数据访问权限管理中,授权与审计是两个非常重要的方面。授权机制即根据用户的身份和权限策略来判断是否允许用户访问特定的数据资源。审计师对审计日志中记录的用户身份、访问时间、访问内容等信息予以审计和监视,以洞悉用户的访问行为。下面将结合商业模式设计来讨论授权与审计的问题。

▶ 商业模式设计中的数据访问授权机制

数据作为企业最宝贵的资产之一,其安全性直接关系到企业的声誉、经济效益以及客户的信任。商业模式设计中的数据访问授权机制是确保数据安全的关键。通过用户身份验证、角色和权限分配以及密码策略的制定和执行,能够构建一个安全、可靠的数据访问环境,为企业的发展提供坚实的保障。

在构建这一授权机制时,用户身份验证是首要的关键环节。身份验证不仅是对用户身份的确认,更是对数据访问权限控制的第一道防线。通过采用多因素认证、生物识别等高级身份验证技术,能够大大提高访问门槛,降低数据泄露的风险。这些技术能够确保只有经过严格验证的授权用户才能够访问企业的数据资源,从而为企业数据安全提供坚实的保障。

除了用户身份验证,角色和权限分配也是数据访问授权机制中不可或缺的一环。在商业模式中,不同的角色和职责对应着不同的数据访问需求。因此,企业需要根据商业模式中的实际情况,为每个角色分配相应的数据访问权限。这种精细化的权限管理不仅能够确保敏感数据不被非授权人员访问,还能够提高数据访问的效率和便捷性。

当然,密码策略的制定和执行也是保障数据访问安全的重要手段。一个强大的密码策略能够有效防止密码被猜测或破解,从而增强账户的安全性。在制定密码策略时,需要考虑密码的复杂度要求、定期更换周期等因素,以确保密码的强度和安全性。

▶ 商业模式设计中的数据访问审计机制

在商业模式设计的宏大蓝图中,数据访问审计机制时刻监视着数据访问的每一个细微动作。作为一个严密而高效的体系,数据访问审计机制不仅能够确保数据访问的合规性和安全性，还能够及时发现并应对潜在的风险和挑战。在数字化时代，这样的审计机制对于企业的成功至关重要。

审计日志的详细记录是审计机制的核心。每当有数据访问发生时，审计日志都会精准地记录下访问时间、访问内容以及访问者的身份等关键信息。这些记录为后续的审计和分析提供了宝贵的依据，使得企业能够清晰地了解数据访问的每一个细节。

实时监控和警报则是审计机制的另一大亮点。通过先进的审计工具，可以对数据访问行为进行实时监控，确保一切都在掌控之中。一旦发现任何异常或违规行为，审计系统会立即触发警报，并通知相关人员。这种及时的响应机制能够让企业在问题刚刚冒头时就迅速采取行动，避免事态的进一步恶化。

此外，定期审计和评估也是确保审计机制有效性的重要手段。企业应对审计策略进行定期评估，检查其是否仍然符合商业模式设计和数据保护的要求。同时，也应根据评估结果对审计策略进行调整和改进，以确保其始终能够应对各种新的挑战和威胁。

加密技术在数据传输与存储安全中的应用

加密技术在商业模式设计中扮演着至关重要的角色，特别是在确保数据安全和合规性方面。通过采用加密技术，企业可以有效地将原始信息（明文）转换为无法直接阅读的代码形式（密文），以防止数据在传输和存储过程中被非法访问或篡改。

加密技术主要分为对称加密算法和公钥加密算法两类。对称加密算法使用相同的密钥进行加密和解密，其优点是加密解密速度快、计算量小、效率高，但密钥的分配和管理较为困难，安全性难以保证。常见的对称加密算法有高级加密标准（AES）和数据加密标准（DES）等。公钥加密算法则使用不同的密钥进行加密和解密,其中公钥是公开的,而私钥是保密的。只有掌握私钥的人才能解密由公钥加密的信息,这保证了数据的安全性。公钥加密算法的优点是安全性高,但加密解密速度相对较慢。常见的公钥加密算法有非对称加密算法(RSA)和椭圆曲线加密算法(ECC)等。

在商业模式设计中,加密技术的应用至关重要。首先,它可以确保数据传输与存储的安全性,保护企业的核心数据资产不被非法获取或篡改。其次,加密技术还可以提高交易的安全性,防止交易过程中的信息泄露和篡改,增强用户对电子商务平台的信任感。此外,加密技术还可以用于身份认证和访问控制,确保只有授权用户才能访问敏感信息,进一步保障数据的安全性。因此,商业模式设计需要充分考虑加密技术的应用。通过采用合适的加密算法和密钥管理机制,企业可以构建一个安全、可靠的数据保护体系,确保商业模式的成功实施和企业的稳健发展。

▶ 加密技术在数据传输中的应用

加密技术通过一系列复杂的算法和协议,确保数据在传输过程中的机密性和完整性。其中,传输层加密技术如安全套接层(SSL)和传输层安全协议(TLS)在商业模式设计中得到了广泛应用。这些协议利用对称加密技术对数据进行加密,同时使用公钥加密技术对密钥进行保护,从而在通信双方之间建立一个安全的加密通道。通过这种加密通道,传输的数据只能被合法的接收者解密和查看,有效防止了数据在传输过程中被非法截获或窃取的风险。

此外,在电子邮件这一重要的商业通信方式中,加密技术同样发挥着关键作用。电子邮件作为企业与客户、合作伙伴之间交流的主要手段,其安全性直接关系到商业模式的稳定性和信誉。通过使用PGP(Pretty Good Privacy)和S/MIME(Secure/Multipurpose Internet Mail Extensions)等电子邮件加密技术,邮件内容被公钥加密技术保护,而密钥则通过对称加密技术进行加密。这样,即使邮件在传输过程中被非法截获,攻击者也无法解密邮件内容,从而确保了邮件的机密性和安全性。

▶ 加密技术在数据储存中的应用

除了数据传输，数据储存的安全性也是商业模式设计中不可忽视的一环。加密技术在数据储存中的应用，可以确保数据的机密性、完整性和可用性，防止数据泄露和非法访问。

首先，在数据库这一核心的数据储存系统中，加密技术被广泛应用于保护敏感数据。通过使用 AES 和 RSA 等加密算法，数据库中的敏感数据被加密保护，有效防止了数据泄露的风险。

其次，文件储存作为数据储存的重要组成部分，也离不开加密技术的支持。通过对文件进行加密，可以保护文件内容不被非法访问。AES 和 DES 等加密算法在文件加密中得到了广泛应用，可以应用于各种文件格式，如 Word 文档、PDF 文件和图片等。

最后，随着云服务的普及，云储存成为越来越多企业的选择。然而，云储存的安全性一直是企业关注的焦点。通过使用 Zxcrypt 和 VeraCrypt 等云储存加密技术，企业可以确保数据在云储存中的机密性和隐私性，防止数据被云储存提供商或其他非授权方访问。

数据泄露事件应对与紧急响应恢复计划

数据泄露事件可能对企业的运营造成重大影响，包括财务损失、法律诉讼、声誉损害等。公开资料显示，2023 年 1 月 29 日，上海市网信部门与市场监管部门在"亮剑浦江"专项行动中检查了 6043 家企业，约谈 520 余家，查处 50 余起违规案件。部分企业在收集个人信息时强制要求提供非必要信息，如某餐饮企业要求用户同意开启精准位置权限才能继续操作。此外，多家企业在数据存储方面存在安全隐患，如未加密处理的敏感信息。还有企业在使用和传输个人信息环节内部管理不足,操作权限设置不合理导致数据易被滥用。

上述案例对企业极具警示意义。企业在设计商业模式过程中,必须考虑到数据信息风险因素,尤其是数据泄露事件。为此,企业需要制订完善的数据泄露事件应对与紧急响应恢复计划,并在商业模式设计的初期阶段,在理解商业模式的企业目标、客户群体、产品或服务、价值主张、关键资源、关键流程以及成本结构和收入模式等核心理念的基础上,将数据泄露事件应对与紧急响应恢复计划纳入商业模式设计的整体框架,以使企业更好地应对潜在的数据安全风险,确保业务的稳定运营和持续发展。

▶ 商业模式设计的数据泄露事件应对预案

数据泄露事件应对预案应巧妙地融入商业模式的各个环节,从产品设计到服务提供,再到客户交互,每一个流程都贯穿着对信息安全的关注。数据泄露事件应对预案成为商业模式中应对潜在风险的重要组成部分,企业明确了在面对数据泄露时,应如何迅速响应并有效应对,确保业务的连续性和客户的安全。

为了确保预案的可行性和有效性,要制定详细的数据泄露事件应对预案。预案中不仅包含了事件确认、初步评估、应急响应、技术修复、后期处理等关键步骤,还明确了每个步骤的责任人、行动计划和所需资源。预案详细描述了如何应对不同规模和影响的数据泄露事件,充分考虑了各种可能的情况和场景,确保企业能够从容应对各种挑战。

同时,也注重员工培训和意识提升。在商业模式设计中,企业强调员工在信息安全和数据保护方面的重要性,并通过培训提升员工的安全意识和应对能力。企业确保所有员工都了解数据泄露事件应对预案的内容,知道在紧急情况下应该如何行动,并能够迅速响应和执行预案。此外,还需要整合技术和资源来支持数据泄露事件应对预案的实施。投资建立高效的系统监控和报警机制,组建专业的应急响应团队,并配备必要的技术工具和资源,确保预案的顺利执行。

随着技术的不断发展和市场的不断变化，企业应意识到持续改进和优化的重要性。因此，要定期评估数据泄露事件应对预案的有效性和适用性，并根据评估结果进行相应的调整和改进。从每次数据泄露事件中总结经验教训，不断完善和优化预案内容，提升企业的信息安全防护能力。

注重公开透明地与客户、合作伙伴和公众沟通数据泄露事件的情况和处理进展。建立有效的沟通机制，及时发布相关信息，减少误解和恐慌，维护企业的声誉和信誉。这种坦诚和透明的态度不仅有助于建立企业的信任度，还能增强客户对企业的忠诚度和满意度。这也是危机处理的一个重要方面。

➤ 商业模式设计的紧急响应恢复计划

商业模式设计关注企业的长期发展目标、客户价值、资源分配以及盈利方式。而紧急响应恢复计划则是为了应对可能的危机事件，确保企业在面临挑战时能够迅速恢复业务运营。因此在商业模式设计中，应考虑到企业在面对危机时的应对策略和恢复能力，将紧急响应恢复计划作为商业模式稳健性和抗风险能力的重要体现。

将紧急响应恢复计划融入商业模式需要把握以下三个核心要素：一是目标设定。在商业模式设计中，明确企业的长期发展目标时，应同时设定合理的恢复时间目标（RTO）和数据恢复点目标（RPO），以确保在紧急情况下能够迅速恢复业务。二是资源分配。在资源分配过程中，考虑组建应急管理专业团队，并为他们提供必要的资源，如专业软件、硬件设备和培训资源，以支持他们在紧急情况下的工作。三是价值创造和传递。在价值创造和传递过程中，考虑如何通过紧急响应恢复计划保护企业的核心资产和客户价值，如通过及时的数据恢复减少客户损失。

在这个基础上，要制订详细的紧急响应恢复计划文档，并将其作为商业模式文档的一部分。该文档应详细阐述团队组成、恢复目标、风险分析、文档准备、数据恢复方法、员工培训和灾难恢复计划测试等内容。同时，要确保这些文档与商业模式的其他部分相互衔接，形成一个完整的体系。

在商业模式设计过程中，强调员工在紧急情况下的应对能力和应急响应恢复计划的重要性。通过定期的培训和演练，提高员工的应急响应能力和对紧急响应恢复计划的认知度。

随着企业的发展和市场环境的变化，定期评估商业模式和紧急响应恢复计划的有效性，并根据评估结果进行相应的调整和改进。此外，通过模拟真实的数据泄露事件，检验灾难恢复计划的可行性和有效性，并根据测试结果进行相应的调整和改进。

后 记

在《商业模式设计与企业合规》一书完成之际,我想借此机会向所有读者表达最诚挚的感谢。本书的写作过程不仅是对商业模式设计和企业合规领域知识的探索,更是一次与读者共同学习、共同成长的旅程。

在撰写本书的过程中,我深感商业模式设计与企业合规之间的紧密联系和相互促进的重要性。一个成功的商业模式,必须建立在企业合规的基础上,而合规管理又需要商业模式的支持和引导。因此,本书力求在这两者之间寻找平衡点,为企业提供一种既符合法律法规要求,又能实现持续发展的商业模式设计方案。

当然,商业模式设计与企业合规是一个不断发展的领域,新的法律法规、市场环境和技术变革都会对企业提出新的挑战。因此,希望本书能够成为一个启发读者思考、激发创新精神的起点而不是终点。在未来的工作中,我将继续关注这一领域的最新动态,不断探索和实践新的商业模式设计和企业合规方法。

最后,衷心希望本书能够成为企业家、管理者和相关从业人员的良师益友,帮助他们更好地应对日益复杂的商业环境,实现企业的持续健康发展。再次感谢所有读者的支持和关注,让我们携手共进,共创美好未来。

参考资料

[1] 郭斌，王真. 商业模式设计 [M]. 北京：中信出版社，2022.

[2] 孔祥俊. 企业合规实务指引 [M]. 北京：中国法制出版社，2023.

[3] 韩坚，唐林. 企业合规管理 [M]. 北京：人民邮电出版社，2023.

[4] 王欣. 民营企业合规风险防范典型案例解析 [M]. 北京：中国法制出版社，2023.

[5] 朱武祥，朱婧雯. 交易 商业模式设计的底层逻辑 [M]. 北京：机械工业出版社，2024.

[6] 赵先德，王良，阮丽旸. 高效协同：供应链与商业模式设计 [M]. 上海：复旦大学出版社，2019.

[7] 姚丹，王林. 浅析商业模式的市场营销意义 [J]. 现代经济信息，2016（01）.

[8] 曾建斌. 商业模式税务筹划与落地系列. 商业新知，2023-08-14.

[9] 段桃，刘响，张丹，王晨璐. 企业常见税务风险防范及应对. 金杜律师事务所·前沿观察，2023-01-04.

[10] 中共中央和国务院. 关于构建数据基础制度更好发挥数据要素作用的意见 [EB/OL]. 中国科学院网信工作网，2023-01-18.

[11] 佚名. 个人信息保护对数据驱动商业模式的影响研究. 原创力文档（book118），2023-11-4.

[12] 资料其他来源：百度、腾讯、新浪，以及原创力文档、维基百科和知乎等问答类平台的最新资讯。